VENCER A eleição

Luciano Suassuna

Wilson Pedroso Jr.

VENCER A eleição

Como construir
uma campanha
competitiva,
do planejamento
à vitória

GERAÇÃO

VENCER A ELEIÇÃO – Como construir uma campanha competitiva, do planejamento à vitória

Copyright desta edição © 2024, Geração Editora Ltda.
© Luciano Suassuna e Wilson Pedroso Jr.

1ª edição - Maio de 2024

Grafia atualizada segundo o Acordo Ortográfico da Língua Portuguesa de 1990, que entrou em vigor no Brasil em 2009

Editor e Publisher
Luiz Fernando Emediato

Produção gráfica e editorial
Ana Paula Lou

Capa
Alvaro Bustillos

Projeto Gráfico e Diagramação
Alan Maia

Preparação
Nanete Neves

Revisão
Josias A. de Andrade

Dados Internacionais de Catalogação na Publicação (CIP) de acordo com ISBD

P372v   Pedroso Jr., Wilson
            Vencer a eleição: como construir uma campanha competitiva, do planejamento à vitória / Wilson Pedroso Jr., Luciano Suassuna. -- São Paulo : Geração Editorial, 2024.
            160 p. : il. : 15,6cm x 23cm.

            Inclui índice.
            ISBN 978-65-5647-135-8

            1. Ciências Políticas. 2. Política. 3. Eleições. 4. Campanhas Eleitorais. 5. Planejamento Estratégico. I. Suassuna, Luciano. II. Título.

2024-663   CDD 320
                                                           CDU 32

Elaborado por Vagner Rodolfo da Silva - CRB-8/9410

Índice para catálogo sistemático:

1. Ciências Políticas   320
2. Ciências Políticas   32

GERAÇÃO EDITORIAL
Rua João Pereira, 81 — Lapa
CEP: 05074-070 — São Paulo — SP
Telefone: +55 11 3256-4444
E-mail: geracaoeditorial@geracaoeditorial.com.br
www.geracaoeditorial.com.br

Impresso no Brasil
Printed in Brazil

Agradecimentos

Este livro foi enriquecido pelas ideias, análises e sugestões de Chico Mendez, Juliana Velho, Mário Rosa e Oscar Pilagallo.

SUMÁRIO

CAPÍTULO 1
Eleição é Paixão e Organização..9

CAPÍTULO 2
A campanha já começou: use as redes sociais.............17

CAPÍTULO 3
Candidato corre atrás de voto, quem cuida
da organização é o coordenador-geral........................25

CAPÍTULO 4
A cara da campanha.. 41

CAPÍTULO 5
Agenda é tudo..85

CAPÍTULO 6
Quanto custa e como financiar a campanha?............101

CAPÍTULO 7
Um advogado para organizar, defender e atacar......115

CAPÍTULO 8
Programa de governo: instrumento eleitoral
ou armadilha política?.. 129

CAPÍTULO 9
A motivação do voto: o grande momento do eleitor.. 139

CAPÍTULO 1

Eleição é Paixão e Organização

Quer saber numa frase como se ganha uma eleição? Então anota aí:

(...)

Viu? Provavelmente você é como quase todas as pessoas, especialmente os candidatos em plena campanha. Deseja que problemas complexos se resolvam com uma palavra mágica.

Mas, neste livro, você não está falando com um candidato. Você encontrará aqui a experiência de várias campanhas eleitorais e a forma de preparar e desenvolver uma campanha bem-sucedida. Nós ainda não sabemos quais são suas dúvidas, mas você vai encontrar as respostas que está procurando.

Então pare e pense no que já dissemos. Antes de darmos as respostas, já tratamos primeiro aqui da busca de confiança, da promessa de que você não será enganado e da certeza de que, ao final da leitura, o que está sendo proposto vai ser cumprido. E tudo isso lhe deu mais um momento, mesmo que fugaz, para que você tenha acesso rápido ao que realmente terá no livro: as informações de como fazer uma campanha eleitoral competitiva.

Esse pequeno exercício de propor algo, buscar confiança, ouvir promessas e encontrar respostas oferece uma rápida compreensão de como funcionam as campanhas políticas e o processo eleitoral. E não é à toa que o livro começa dessa forma.

Estamos aqui construindo, de maneira prática, um discurso eleitoral da mesma forma como ele poderia acontecer na realidade: com alguém fazendo uma proposta — como montar uma campanha competitiva para ganhar a eleição —, e do outro lado, o potencial eleitor/eleitora em busca da certeza de que o autor merece seu voto de confiança.

E nesse rápido resumo, vimos que esse diálogo começa com alguém procurando uma resposta e o outro conquistando a confiança.

Ganhei o seu voto? Ainda não? Calma, a campanha está só começando.

Para quem está do lado de dentro de uma campanha eleitoral, ela é relativamente complexa, com muitas tarefas a serem cumpridas e regras que restringem o trabalho. Mas quando a magia de uma eleição acontece, ela deixa toda a complexidade de lado e fica bem mais simples do que se possa imaginar. E ela fica simples porque se torna arrebatadora.

Eleição é paixão. E paixão é o sentimento mais avassalador da vida. Eleição é a vida elevada ao extremo, e, por isso mesmo, é absolutamente imprevisível. É um momento intenso e fugaz de tudo o que há de mais belo, mais sedutor e, também, de mais desesperador e angustiante, surpreendente e frustrante.

Uma campanha eleitoral é o debate público das ideias e valores que levam as pessoas a acreditarem num futuro melhor. É um curto espaço de tempo, chamado período eleitoral, que tem o poder radical de definir a vida de milhões de pessoas, a vida da sua cidade, do seu vizinho, da sua família.

É um território extremamente humano em tudo o que isso tem de contraditório, de ideal e de abstrato. Se você tem o desejo de ser candidato, prepare-se para viver fortes emoções e fazer um profundo mergulho na alma humana. É disso que se trata. Do ser humano que você é, se você for candidato, mas também do ser humano que os outros esperam que você seja.

Eleição inflama sentimentos e traz consigo sonhos, esperanças e expectativas. O dia da eleição é o momento mais dramático da política, aquele instante final em que os eleitores determinam, pelo voto, quem ganha e quem perde. É a definição das causas e ideias que motivaram as pessoas durante os três a quatro meses de uma campanha eleitoral e como elas devem seguir adiante pelos próximos quatro anos dos mandatos dos eleitos.

O primeiro passo para entrar numa campanha eleitoral, portanto, é ter uma causa. Ninguém é candidato de si mesmo, mas de um conjunto de pessoas, de valores e de propostas.

Você só estará pronto para representar uma ideia, uma causa, uma cidade, uma região — ou outro motivo que o faz desejar ser eleito —, se também estiver pronto para expor publicamente suas qualidades e realizações, para convencer o mundo da relevância de seus valores e propostas, e assim conquistar a confiança das pessoas.

Existe uma máxima na política de que a ilusão eleitoral é até maior do que a ilusão amorosa. É evidente que ninguém entra numa campanha eleitoral para perder. A natureza da atividade política exige que cada candidato seja o seu maior eleitor — que tenha os melhores motivos e as melhores propostas para conquistar a confiança das pessoas, especialmente aquelas que nunca encontrou, a não ser pelos efeitos da propaganda política ou da mobilização de sua campanha.

É por isso que é tão comum aos políticos se iludir com os próprios resultados. Mesmo o mais desesperançado dos candidatos sonha com uma multidão de eleitores defendendo suas ideias e apoiando seu nome. Mas não existe uma espécie de "raio revelador" que caia do céu e ilumine mentes a seu favor. Conquistar eleitores é criar relações de confiança: exige ações e exemplos, contatos e propostas com sinceridade e trabalho.

Eleição é paixão, mas também é organização. Não é fácil ser eleito. Ao contrário dos concursos públicos e dos exames vestibulares, nos quais muitos candidatos podem responder várias perguntas de maneira correta, a disputa pelo voto envolve, quase sempre, encontrar respostas para perguntas que os eleitores nem sequer fizeram. Em certo sentido é passar num concurso surrealista, em que se precisa descobrir tanto a pergunta quanto a resposta que só serão definidas ao longo da campanha.

Ao contrário das provas para concursos públicos, não existem dois (ou múltiplos) acertos numa campanha. Se alguém considerar sua resposta certa, a do outro candidato será a errada. Mesmo que as duas estejam racionalmente corretas. Porque o voto exige exclusividade. O eleitor só pode escolher um nome certo para cada cargo em disputa. Conquistar um voto significa eliminar aquele voto de todos os outros concorrentes.

A disputa eleitoral não mede seu conhecimento, mede sua capacidade de convencer os outros, de encantar e de criar um elo mágico, simples e emocional, num processo que é complexo, técnico e muito mais racional do que parece.

O Brasil é a quarta maior democracia do mundo. Em 2022, havia 156,4 milhões de eleitores aptos a votar. Em número absoluto de eleitores, perdemos apenas para Índia, Estados Unidos e Indonésia. Mas, apesar dos 124,2 milhões de votos válidos deixados nas urnas eletrônicas na última eleição presidencial, o voto é uma mercadoria rara, justamente porque é excludente. Escolher um candidato é negar o voto aos demais. E isso faz das campanhas eleitorais um concurso especialmente diferente.

O Brasil tem eleições a cada dois anos. Eleições para cargos estaduais e federais andam juntas: presidente (com vice-presidente), governadores (e vice-governadores), senadores, deputados federais e deputados estaduais. Elas se alternam com as eleições municipais: prefeitos (vice-prefeitos) e vereadores.

Cada candidato procura se diferenciar num mar de vídeos, números, partidos e propostas semelhantes. De tão parecidos, poderiam lembrar o Natal, com sua profusão de papais-noéis. Para se destacar, não adianta o bom velhinho aparecer sem barba, de roupa amarela e chinelo de dedo. Isso não é um papai-noel, mas uma fraude. Nenhuma criança acreditará nele. Mas é possível se preparar melhor e ser mais cativante. O eleitor sabe comparar, reconhecer diferenças e escolher quem é melhor para ele.

Eleição é o ápice da democracia, a ponto de se confundir com ela. Na ditadura, os brasileiros ficaram 29 anos sem poder escolher seu presidente. O lado positivo da profusão de candidatos está no fato de que o time da Democracia S.A. põe mais gente em campo e atrai mais torcedores do que o da Ditadura S.A.

Esse é o tamanho do time da Democracia S.A.: a eleição municipal envolve a disputa de 67.800 cargos eletivos. São prefeitos, vice-prefeitos e vereadores de 5.568 municípios. Na disputa municipal de 2020, quase 520 mil cidadãos e cidadãs pediram o registro de suas candidaturas em todo o Brasil. Assim, numa conta simples, a eleição para vereador (a de maior número de vagas) poderia ser classificada como um concurso que tem em média sete candidatos por vaga.

Como comparação, o Enem (Exame Nacional de Ensino Médio) de 2022 teve 3.476.226 alunos inscritos. À semelhança da política, a abstenção foi alta. Mais de 1,1 milhão de estudantes faltou ao segundo dia de provas, perdendo a chance de obter uma vaga no ensino superior. Depois de feito o Enem, o acesso às universidades federais se dá pelo Sisu (Sistema de Seleção Unificada), que classifica as notas de acordo com os cursos solicitados pelos estudantes. Cursos mais disputados exigem notas mais altas para se obter a vaga. Para o ano de 2023, feito com os resultados do Enem de 2022, o Sisu ofereceu 222.145 vagas nas universidades. Na matemática simplificada, uma vaga nas universidades federais no Brasil (15 candidatos/vaga, sem contar a abstenção) é, em média, duas vezes mais disputada que uma eleição para vereador (sete candidatos/vaga).

Mas enquanto o Enem ou os concursos para cargos públicos dizem respeito quase que exclusivamente ao candidato, uma eleição exige a participação de muitas pessoas para ser bem-sucedida. Se você pensar que cada candidatura demanda o trabalho de pelo menos três pessoas, como se verá ao longo deste livro, a eleição municipal no Brasil mobiliza diretamente um a cada 100 brasileiros. A boa preparação para o vestibular ou concurso é, em grande parte, resultado do empenho individual. Mas uma campanha política é fruto de uma ação de equipe. Ninguém faz campanha sozinho.

O retorno do voto direto e secreto para as eleições presidenciais em 1989, depois de 29 anos de proibição pela ditadura militar, marcou a redemocratização do Brasil. De lá para cá, foram 18 eleições regulares, com o ciclo de uma eleição a cada dois anos se iniciando em 1994. Ao longo do tempo, os ciclos eleitorais produziram inovações, especializações e conhecimentos. Eles permitiram que, a cada pleito, o voluntarismo perdesse espaço para a profissionalização. Atualmente, é praticamente impossível fazer uma campanha de forma amadora, baseada apenas no desejo de ser candidato.

O que vai acender a chama da paixão entre o candidato e o eleitor é um trabalho de conquista planejado e organizado, com divisão de tarefas e acompanhamento dos objetivos. Campanha política organizada precisa ter um responsável, uma espécie de diretor-geral, CEO ou CCT, o Chefe da Coisa Toda.

Essa pessoa vai reunir as diversas áreas necessárias para o sucesso da candidatura: jurídico, financeiro, administrativo, comunicação e marketing, eventos, logística e infraestrutura, mobilização, coordenação político-partidária e elaboração de propostas e programa de governo, entre outras demandas.

Neste livro, vamos abordar cada uma das etapas de forma didática, para que sua campanha comece com o desejo de ser um representante popular, passe pelo correto planejamento dessa aspiração e consiga se transformar em uma candidatura competitiva, capaz de alcançar a vitória. Paixão e organização.

CAPÍTULO 2

A campanha já começou: use as redes sociais

Quando você avisar amigos e familiares que está pensando em ser candidato, muita gente vai querer saber por que você quer virar político. Mas quando fizer isso é porque você já é político. Seu desejo, a partir de agora, é conquistar o mandato. E mandato político só sai de um único lugar: das urnas. O caminho para as urnas se chama campanha. E ela começa no mesmo instante em que você decide ser candidato. Na era das redes sociais, a campanha é permanente. Então, seja bem-vindo: sua campanha acabou de começar.

"Deus ajuda quem cedo madruga", diz o ditado popular. Se você deseja ser candidato, prepare o celular. Ele será seu companheiro inseparável nessa corrida. A comunicação da sua campanha já deveria estar em curso. Nesse primeiro momento, ela é direta, amplificada pelas redes sociais. Vai te exigir posicionamentos e engajamentos, criatividade e senso de oportunidade. Se você já tem um mandato, sabe: campanhas hoje são permanentes, e a próxima disputa começa assim que termina a anterior.

Se você tem uma causa, trabalhe diariamente as suas redes sociais, conquiste seguidores e motive quem te segue. É nesse círculo de eleitores, seguidores ou perfis (para usar os termos das redes sociais) que você terá os votos mais garantidos e os melhores cabos eleitorais, que serão essenciais na reta de chegada da corrida eleitoral.

Mas, independentemente da quantidade de seguidores que você tenha, existem providências fundamentais que só podem ser tomadas dentro dos diversos prazos da legislação eleitoral. Não se pode pedir voto fora do prazo legal, cerca de três meses antes do dia da votação. Ninguém pode ser candidato sem estar filiado a um partido político. Também é preciso indicar à Justiça Eleitoral uma residência no lugar onde você disputará a eleição, o chamado "domicílio eleitoral". Nesses dois casos, o prazo limite é de até seis meses antes da data do primeiro turno das eleições.

Nas eleições de 2022, houve grande destaque na contestação da transferência do domicílio eleitoral do juiz Sérgio Moro do Paraná para São Paulo. Ele e sua mulher, Rosângela, gostariam de disputar os votos dos paulistas como candidatos ao Senado e à Câmara Federal, respectivamente. A Justiça Eleitoral de São Paulo entendeu que, embora o casal tenha apresentado o mesmo endereço, o vínculo com a cidade era diferente em cada caso. Enquanto Sérgio Moro (UNIÃO) retornou ao Paraná para disputar o Senado, Rosângela Moro (UNIÃO) concorreu à Câmara Federal por São Paulo. Ambos se elegeram.

Uma contestação desse tipo representa, quase sempre, desgaste político, despesas com advogados e risco desnecessário de impugnação da candidatura. É um problema que pode e deve ser evitado. Para isso, é preciso definir com antecedência a função almejada. E, também, é fundamental você se filiar, o mais brevemente possível, ao partido pelo qual deseja disputar o cargo eletivo.

Para dar os primeiros passos numa campanha de comunicação permanente, você precisa, além do celular e de causas que gerem engajamento, de algum conhecimento das práticas que ampliam o alcance das redes sociais. Existem palavras, títulos e sacadas que surtem mais efeito, aumentam o tempo de leitura e de visualização, e produzem mais engajamentos. Existem os modismos instantâneos, chamados de *trends*, que predispõem as pessoas a assistirem a vídeos com determinados temas ou referências. Existem horários de maior audiência e relevância para publicar o seu material. Por isso, se você quiser avançar mais rapidamente em seguidores e engajamento, pense em contratar um time de profissionais dessa área. Eles farão suas postagens terem o melhor destaque possível, de forma orgânica, sem precisar pagar por impulsionamentos.

Da mesma forma, a consultoria de um advogado da área eleitoral resolverá o básico do que você precisa para ser candidato. Mas para se eleger, você precisa ter vivência partidária, participar de atividades e reuniões, e certamente terá de contratar os serviços de um especialista em direito eleitoral. Por maior que seja o seu conhecimento sobre as regras e por mais que você e sua equipe trabalhem de maneira ética, a disputa pelo voto também é uma batalha jurídica. Pode ter certeza: se você estiver liderando, seus adversários irão acionar a Justiça com um problema do passado ou do presente, real ou fabricado, pouco importa — o que importa é incomodar sua candidatura com as armas legais.

A distância entre investir algumas centenas de reais para dar os primeiros passos na política e cumprir a maratona de uma campanha eleitoral é gigantesca. E isso vale tanto para a estrutura quanto para as despesas de campanha. Quanto mais poder tiver o cargo pretendido, mais cara será a campanha. Existem limites para as despesas. E despesas que podem ser feitas além do Fundo Eleitoral, como o gasto com contabilidade e advogado.

Em 2022, muitas candidaturas para a Câmara dos Deputados trabalharam com o teto legal do Fundo Eleitoral: R$ 3.176.572,53. Na mesma eleição, o limite do Fundo para uma campanha presidencial foi de R$ 88.944.030,80 no primeiro turno. E metade disso, quase R$ 45 milhões, para o segundo turno. Parece muito, mas quando o financiamento era privado, os limites eram maiores. Em 2014, a campanha de Dilma Rousseff (PT) arrecadou R$ 318 milhões e a de Aécio Neves (PSDB), R$ 210 milhões. Ou seja, mais que o dobro para a primeira e cerca de 50% a mais para a outra, sem contar a inflação do período.

É por isso que uma campanha profissional precisa de planejamento. E a antecipação da organização é uma estratégia chave para o sucesso da candidatura. A prática de planejar uma campanha de forma detalhada é uma forma lógica de maximizar a eficiência de sucesso e de reduzir os custos.

Essa fase inicial da campanha geralmente inclui definir metas e objetivos, estabelecer um orçamento e antecipar as eventuais necessidades, quaisquer que sejam elas. A análise de dados das equipes de Política e de Comunicação é uma ferramenta essencial nesta etapa. Campanhas majoritárias, por exemplo, irão exigir pesquisas qualitativas e quantitativas para auxiliar na construção dos posicionamentos do candidato. Você precisa saber, por exemplo, quais temas preocupam mais os eleitores: emprego, segurança ou saúde? Você precisa saber por que as políticas públicas dessas áreas não satisfazem o eleitor e o que ele imagina como solução.

Os dados recolhidos fornecem *insights* sobre quais táticas e estratégias funcionam melhor para conquistar o eleitor. Temas pouco relevantes num passado recente, como políticas de energia limpa e renovável, começam a ganhar protagonismo com a mudança climática. Antigas fortalezas das campanhas, como a capacidade de realização do candidato e as obras que ele já entregou, perdem força para temas identitários, como a orientação sexual ou as políticas afirmativas. Com as redes sociais, questões que eram majoritariamente reservadas à esfera privada, individual, ingressaram no debate público, coletivo e passaram a comandar os posicionamentos eleitorais.

Uma análise realista das pesquisas irá direcionar à equipe de *marketing* a perspectiva mais clara de quais temas devem ter prioridade e como as ações devem ser implementadas para alcançar os eleitores, especialmente os indecisos.

O objetivo central de antecipar a organização da campanha é alcançar o eleitor o mais rápido possível, enquanto ele ainda está indeciso, e fidelizar esse voto. Eleições contêm sempre uma dose de imprevisibilidade, mas isso não autoriza nenhuma campanha a trabalhar de maneira amadora e imprudente. O raio revelador não existe. A iluminação coletiva não acontecerá. Apenas um grande trauma coletivo pode virar radicalmente uma campanha decidida até a véspera — mas ele gera um voto de raiva e indignação, não de adoração. Na tragédia, vota-se quase sempre pelo medo e não pelo desejo.

As surpresas eleitorais, portanto, acontecem por incompreensão do que o eleitor realmente pensa — seja por parte do candidato, do *marketing* e/ou das pesquisas. Ou, como nesses raros casos, por um grande fato social às vésperas da eleição, que leva a multidão a reverter o voto. Uma mistura de erro da campanha, incompreensão do candidato e indignação dos eleitores aconteceu, por exemplo, na Espanha, em março de 2004. O PP, de centro-direita, tinha o governo, e as pesquisas apontavam sua vitória com folga. O primeiro-ministro havia se empenhado pessoalmente em colocar a Espanha na Guerra do Iraque. Mas os espanhóis eram amplamente contra a participação na guerra e o envio de tropas. Isso, no entanto, não havia afetado o favoritismo do PP.

No dia 11 de março de 2004, porém, tudo mudou em apenas três minutos. Entre 7h39 e 7h42, dez bombas em três estações e numa composição do trem suburbano de Madri mataram quase 200 pessoas e feriram cerca de 2 mil. Sem provas, o governo acusou os separatistas bascos do ETA. Essa versão caiu por terra no dia seguinte, quando se comprovou que o atentado do 11-M foi executado por fundamentalistas islâmicos da Al-Qaeda. No dia 13 de março, mais de 11 milhões de espanhóis foram às ruas de várias cidades e chamaram o primeiro-ministro espanhol de "mentiroso" e "assassino". No dia 14, 72 horas depois dos ataques, o voto havia virado radicalmente e o PSOE, de centro-esquerda, venceu as eleições.

Sempre haverá um debate acalorado sobre o que fez o eleitor mudar o voto: O atentado e o número de mortos? O fato de a participação espanhola na Guerra no Iraque ter gerado o maior atentado terrorista da Espanha? A reação precipitada dos dirigentes do PP, que acusaram falsamente o ETA? A sucessão de erros ao gerenciar a crise causada pelo ataque jihadista? Ou tudo isso ao mesmo tempo? O certo é que os espanhóis foram às urnas com muita raiva e dor, e isso levou a uma mudança radical na véspera da eleição. Uma virada dessa proporção é um evento muito raro. Por isso, organizar a campanha de forma antecipada continua sendo a regra.

Organização pode evitar problemas desnecessários e desgaste emocional, como explicamos no caso de contestações de candidaturas. Nas eleições municipais de 2020, cerca de 5% dos 500 mil candidatos, ou seja, 25 mil pessoas, tiveram a candidatura recusada. Em quase 80% dos casos, o motivo foi algum tipo de falha no registro.

Em 2022, havia 1.682 vagas em disputa para mais de 29 mil candidatos. Mas 2.809 candidaturas, quase 10% do total, não vingaram. Houve cinco falecimentos. Cerca de 40% desses 2.809 desistiram e renunciaram, mas a grande maioria dessas candidaturas — 58,5% ou 1.643 candidaturas — foi indeferida.

Problemas assim são evitados com a antecipação da organização. Ela garante efetividade na execução das tarefas e respeito aos limites do orçamento estabelecido. Além disso, a análise inicial dos dados fundamenta o processo de planejamento da campanha. Pesquisas internas com um cenário positivo para o candidato ajudam a convencer aliados e concretizar alianças políticas de candidatos majoritários. Todo mundo quer apostar no cavalo vencedor. E sabe que quem entra primeiro no barco ocupa os melhores lugares.

A antecipação permite à equipe da campanha construir uma imagem positiva do candidato, consolidar sua plataforma política e criar uma rede de apoio e engajamento com o eleitorado, muito tempo antes do prazo formal de início das campanhas. Em suma, a antecipação, que muitas vezes a imprensa chama de pré-campanha, é fundamental para uma campanha política bem-sucedida e pode fazer a diferença entre a vitória e a derrota. Na política, o ditado é verdadeiro: "Deus ajuda mesmo a quem cedo madruga".

CAPÍTULO 3

Candidato corre atrás de voto, quem cuida da organização é o coordenador-geral

Um ano antes da eleição presidencial de 2022, uma pesquisa do Datafolha indicava que 27% das pessoas iriam votar em Luiz Inácio Lula da Silva (PT). Outros 20% haviam se decidido por Jair Bolsonaro (PL). Esses eram os dados da pesquisa espontânea — aquela em que o eleitor indica livremente o nome de sua preferência. Ela foi concluída no dia primeiro de outubro de 2021.

A antecedência e a firmeza com que metade do eleitorado definiu um nome de sua preferência indicavam a inevitabilidade da polarização. Mas também revelavam a eficiência do trabalho que os dois grupos políticos vinham realizando desde 2018, quando encerraram uma disputa para, imediatamente, começar a próxima.

Bolsonaro manteve as redes mobilizadas e nunca parou de produzir conteúdo para a militância mais engajada. O famoso "cercadinho" na porta do Palácio da Alvorada serviu de palco para recados, quase diários, de Bolsonaro a seus eleitores. Da mesma forma, o PT manteve a candidatura de Lula em evidência. Criou uma vigília permanente na vizinhança do prédio da Superintendência da Polícia Federal em Curitiba, onde Lula ficou preso por 580 dias (até novembro de 2019), e transformou o Lula Livre num movimento nacional de repercussão internacional, com recursos a organismos globais e manifestações de lideranças estrangeiras.

Lula e Bolsonaro tinham equipes e estruturas para manter essa mobilização permanente. Mas, se você vai disputar um cargo pela primeira vez ou se vai mudar de desafio na política, passando de uma disputa proporcional para uma majoritária, ou mesmo de uma campanha estadual para outra nacional, o novo patamar exige uma largada muito mais forte. Você precisa elaborar a estratégia com método, organização, equipe e etapas a realizar. Você precisa antecipar e formalizar uma estrutura de trabalho que vai entrar em campo bem antes da instalação do comitê oficial. A implantação do comitê depende do calendário oficial da Justiça Eleitoral, mas o núcleo central da campanha tem de estar a postos pelo menos quatro meses antes, no mais tardar, em março/abril do ano da eleição.

Para organizar esse comitê informal, agendar reuniões, avaliar pesquisas e dar os primeiros passos na corrida eleitoral, você precisa de alguém de confiança para assumir a coordenação-geral de campanha. Quando o calendário da Justiça Eleitoral permitir, ele ganhará o cargo oficialmente.

É na informalidade das reuniões políticas que uma campanha começa. Esse núcleo reúne o candidato, o marqueteiro, o responsável pelas pesquisas, o coordenador provisório e mais cinco ou seis pessoas. Ele fará a ambição do candidato se materializar.

No primeiro capítulo, chamamos essa função de CCT, o Chefe da Coisa Toda. Vai ser grande a tentação do candidato de ser o CCT da própria campanha, ainda mais se ele tiver uma personalidade centralizadora. Mas saiba que isso é inviável. Candidato tem que acordar cedo e dormir tarde para correr atrás dos votos. Quem corre atrás de fornecedores, serviços e urgências da campanha é o CCT.

A Coisa Toda que ele tem o dever de coordenar é um ser esquisito para quem olha de fora, com uma estrutura que só figuraria nos manuais das boas práticas corporativas se fosse para mostrar o que não deve ser feito. Do nascimento informal ao encerramento do CNPJ e, portanto, da sua personalidade jurídica, o Comitê de Campanha é uma excentricidade para quem não é do meio.

Existe hierarquia, mas o dia a dia é bastante horizontal. Existe divisão do trabalho, mas muitas funções teriam um *job description* incompatível com a trajetória da pessoa ou com o trabalho que ela realmente exerce. Ufa, por sorte, não existe RH, porque se existisse, grande parte dos talentos de uma campanha eleitoral não seria aprovada no programa de integração da empresa. Provavelmente, nem sequer fariam o programa de integração corporativa.

Na Coisa Toda, existe agenda organizada, mas muitas vezes o que não chegou nem a entrar na agenda, como as inúmeras recusas a convites, dizem mais sobre a eficiência do trabalho dessa área. Existe advogado, mas muitas vezes ele não está lá para defender ninguém, mas para definir o último centímetro do limite legal no qual a campanha pode avançar e ousar. Pode isso, Arnaldo? O bom advogado de campanha dirá que pode, porque do lado adversário tem sempre alguém pronto para atacar ou contra-atacar no limite da irresponsabilidade.

Diretores financeiros do mundo corporativo podem mudar de companhia e de setor econômico, sair de mineração para o varejo, por exemplo, sem praticamente mudar de trabalho. O Excel muda de números, mas não muda de forma: continua sendo uma planilha com receitas e despesas, ativos e passivos, dívidas e créditos. Mas não existem diretores financeiros especializados em CNPJs de campanhas eleitorais. É preciso inventar um e adaptá-lo a uma função que tem uma receita pré-definida, o teto do Fundo Eleitoral, e a partir daí tem a difícil função de fazer caber nesse orçamento todos os sonhos, imprevistos e pressões de uma campanha eleitoral.

Estranho, não é? Mas quer saber? A Coisa Toda funciona bem, com respeito às regras e com transparência na prestação de contas.

A Coisa Toda é um balaio de talentos heterogêneos que transformam disparidade e diversidade em sincretismo, sintonia e sinergia. Pense num circo: uma lona ambulante que, uma vez erguida numa nova cidade, abriga um festival de habilidades — malabaristas, trapezistas, mágicos, palhaços, encantadores de serpente e contorcionistas. O público sabe mais ou menos como vai funcionar, mas paga para ver. Porque o espetáculo seduz e diverte.

A rigor, cada talento faz um pequeno *show*, cada um aporta algo diferente. Se os motoqueiros do globo da morte forem embora, o espetáculo do circo continua parecido. Mas você perdeu aventura e velocidade. Se o palhaço ficar doente, você deixou de ganhar sorrisos e gargalhadas da plateia. E tem as variáveis de sempre: nem todo palhaço faz graça com a mesma leveza, nem o trapezista acerta sempre o salto mortal. O erro acontece, mas o *show* tem que continuar.

O Chefe da Coisa Toda, nosso CCT, acompanha o trabalho de cada equipe e de cada setor. O coordenador-geral do Comitê de Campanha irá buscar os melhores talentos e equipes, fornecer os meios para que exerçam bem suas funções e convocar o núcleo duro da campanha para eventuais acertos de rota que possam ser necessários. Ele terá que motivar as pessoas e acompanhar o engajamento, o comprometimento e a efetiva execução. Afinal, sem paixão não se ganha eleição, como já vimos antes.

Comitês de campanha são estruturas criadas para mobilizar eleitores em torno de um candidato ou partido político. Basicamente, eles são responsáveis por desenvolver estratégias, definir metas e coordenar as atividades de campanha nos diversos setores da sociedade.

Então, vamos voltar ao embrião da campanha: aquele núcleo central de meia dúzia de pessoas que dá a largada, numa espécie de comitê informal. Dois pilares sustentam a lona desse início de espetáculo: o pilar da política e o da comunicação e *marketing*. Com relação à comunicação/*marketing*, recomendamos que o comitê defina desde cedo qual será a estratégia que o candidato irá adotar. É preciso estudar e testar em pesquisas qualitativas os pontos fortes e fracos do seu candidato e dos prováveis adversários. Essa base dará os elementos para a elaboração dos conceitos da campanha e o desenvolvimento da chamada narrativa eleitoral.

Todo mundo tem uma história para contar. A narrativa eleitoral é a história do candidato, com a valorização dos atributos que fazem dele a pessoa certa para aquele cargo, naquela eleição. Desde a redemocratização, nenhum candidato disputou — e venceu — mais eleições do que Luiz Inácio Lula da Silva. Em seis disputas, perdeu as três primeiras e venceu as outras três. Dê um Google e veja as fotos: o Luiz Inácio Lula da Silva mais crítico e carrancudo da primeira campanha ganhou o apelido de "Sapo Barbudo" de um de seus adversários, o governador Leonel Brizola. Ele tem pouco a ver com o Lulinha Paz e Amor de 2002 ou o Lula de 2022. De Sapo Barbudo para Lulinha e, depois, para pura e simplesmente Lula, mudou toda uma narrativa, com atributos e apresentações que se diferenciam, ao mesmo tempo em que se somam, como se fossem camadas construídas para cada evento eleitoral.

No *marketing* político atual, a divulgação de mensagens e posicionamentos acontecerá primeiro com investimentos nas redes sociais, dinamizando, impulsionando (quando a legislação permite) e interagindo nas diversas plataformas: YouTube, Facebook, Instagram, TikTok, X (antigo Twitter) e as que ainda vão surgir ou mudar de nome. Também será preciso ocupar espaço na mídia tradicional, por meio de fatos e eventos que gerem mídia espontânea — as reportagens, entrevistas e comentários que nascem espontaneamente dos jornalistas pelo fato de serem notícia, de terem interesse público.

O pilar político precisa definir as alianças partidárias, que darão ao candidato mais recursos para a campanha e mais tempo de horário eleitoral. Tem que começar a agregar aliados e cabos eleitorais. Eles serão essenciais na hora das manifestações de rua e da definição da agenda. E, desde o começo, a militância mais fiel pode promover encontros e eventos, que criarão fatos a serem amplificados na mídia tradicional e nas redes sociais do candidato.

Além disso, o trabalho conjunto da política com o *marketing* permite mapear o perfil dos eleitores (por região, por grupos sociais e outros cortes e cruzamentos estatísticos), identificando preocupações, interesses e necessidades que farão parte das propostas e projetos a serem anunciados pelo candidato. Ou seja, essa análise facilita a criação de ações de *marketing* mais precisas e efetivas, aumentando as chances de engajamento dos eleitores.

Por fim, cabe ao comitê de campanha monitorar a atuação dos adversários, identificando potenciais problemas e formulando respostas estratégicas. A campanha eleitoral é um período de grande competição. Pense numa olimpíada, que também acontece a cada quatro anos, e em suas provas esportivas de alto desempenho. Não se ganha apenas por ter feito a melhor preparação pessoal, mas também porque se estuda o adversário e se descobrem seus pontos fracos. No esporte e na política, é preciso conhecer o adversário, rebater os ataques e agir taticamente nos pontos fracos. Portanto, fortaleça seus pontos fracos e explore os dos adversários.

Em suma, o comitê antecipa problemas e prepara respostas para enfrentar os desafios que possam surgir.

Criar um comitê de campanha e colocá-lo a todo vapor é uma tarefa complexa, mas vital para mobilizar eleitores em torno de uma candidatura. A chave para o sucesso é formar uma equipe bem preparada e seguir uma estratégia clara e sólida.

Todos esses são fatores que potencializam a eficiência e maximizam os recursos disponíveis. Estabelecendo metas claras e objetivos comuns, tanto os colaboradores quanto a equipe de comunicação terão informações concisas e reais para galgar campanhas bem-sucedidas, fazendo com que o ato de planejar e organizar se transforme num processo geral de uma campanha com grande chance de vitória.

É importante registrar que o candidato pode, e deve, ser convencido de estratégias que talvez ele não tenha imaginado. Mas nenhum comitê funcionará a contento sem a ativa participação da sua principal figura: o próprio candidato.

O que, então, o candidato deve esperar da equipe?

1. **Estratégia de campanha:** A equipe de coordenação deve ter a capacidade de desenvolver e executar uma estratégia de campanha vencedora. A estratégia deve incluir planos de mídia, atividades de campo, gerenciamento de voluntários, arrecadação de fundos e outras atividades necessárias para alcançar os objetivos da campanha;

2. **Comunicação e *marketing*:** A equipe de coordenação deve possuir uma comunicação eficaz com os demais candidatos do mesmo grupo político, eleitores, voluntários, jornalistas e outros agentes políticos. A comunicação deve ser capaz de pautar eventos do candidato e atender à imprensa. O *marketing* tem a responsabilidade de gerenciar as redes sociais e definir conceitos da campanha e mensagens do candidato. Mais adiante, falaremos sobre propaganda eleitoral e outras ações de *marketing* político;

3. **Gerenciamento de recursos:** A equipe de coordenação deve ser capaz de gerenciar recursos financeiros, humanos e materiais de forma eficiente e eficaz;

4. **Pesquisas de opinião:** A equipe de coordenação deve contratar um instituto de pesquisas para entender as preferências dos eleitores, testar pontos fortes e fracos do candidato e de seus adversários e ajudar a estabelecer conceitos e mensagens da campanha;

5. **Legislação:** A equipe de coordenação deve seguir a legislação e regulamentos eleitorais, incluindo as regras relacionadas a valores de doações e despesas de campanha.

Pode até parecer óbvio, mas um ponto de atenção, ainda que a equipe seja pequena e parte dos integrantes exerça mais de uma função, é a delimitação das atribuições e a definição da hierarquia.

Além disso, a divisão de tarefas e responsabilidades evita conflitos internos e garante a eficiência do trabalho. Na bola dividida — às vezes por divergências estratégicas ou por pura vaidade (sim, ela acontece) — a última palavra pertence ao candidato. Mas ele não está lá para resolver divergências internas ou para massagear egos contrariados. O candidato corre atrás de votos.

Entre as funções da equipe de coordenação de uma campanha eleitoral estão:

1. Gerenciar as estratégias de comunicação e *marketing* da campanha, incluindo mídias sociais, eventos, material gráfico e publicidade;

2. Coordenar as agendas do candidato e planejar as atividades de campanha, como comícios, reuniões com líderes comunitários, visitas a empresas e outras atividades;

3. Gerir as finanças da campanha, incluindo o orçamento, a arrecadação de recursos e a prestação de contas;

4. Coordenar as equipes de voluntários e colaboradores da campanha, incluindo treinamento, delegação de tarefas e acompanhamento;

5. Fazer pesquisas e análises para avaliar o desempenho da campanha e a percepção do eleitorado sobre o candidato.

Não estamos aqui para dizer que os parceiros não podem se ajudar nos momentos em que for necessário, mas quando cada um possui foco e percebe a importância de cumprir suas obrigações, as chances de êxito do candidato são muito maiores. Porque campanhas vitoriosas precisam de paixão, e igualmente de organização.

Vimos que o *marketing*/ comunicação, aliado a pesquisas, ao posicionamento e à mobilização política, formam os pilares iniciais do comitê de campanha. Mas para facilitar o trabalho dos candidatos, sugerimos quatro passos para construir essa base.

1. Organização de uma campanha eleitoral:

A organização de uma campanha eleitoral é crucial para o sucesso de um candidato nas eleições. Ela permite aos candidatos alcançarem seus eleitores e transmitirem sua mensagem de forma clara e eficaz, além de facilitar a coordenação da equipe de forma antecipada e organizada.

As etapas da organização de uma campanha eleitoral incluem:

Planejamento:

Nessa etapa, o candidato e sua equipe definem as metas e objetivos da campanha, estabelecem uma estratégia geral, identificam os eleitores-alvo e preparam um orçamento.

Recrutamento da equipe:

A equipe de campanha precisa incluir membros permanentes, como Coordenador ou Gerente de campanha, profissionais de *Marketing*/Comunicação, Jurídico,

Financeiro e Agenda. Também precisa de voluntários para mobilização e eventos. Esse time precisa ser reunido num curto espaço de tempo. Mas, se você precisar definir prioridades por limitações de recursos humanos ou financeiros, siga a ordem das funções definidas acima.

Arrecadação/doações:
É preciso financiar as atividades de campanha, e, para isso, é importante contar com doações de apoiadores. A equipe de campanha precisará organizar eventos de arrecadação de fundos e gerenciar uma campanha de *crowdfunding*, por exemplo.

Elaboração de material de campanha:
Isso inclui produzir panfletos, cartazes, vídeos e outros materiais de comunicação. Tenha pelo menos uma gráfica de confiança, capaz de dar prioridade às suas demandas. Mas confira antes se ela tem capacidade de atender instantaneamente, como exige uma campanha, o volume de impressos que você está planejando. Imagine que sua candidatura só definirá um vice na última hora, às vésperas da convenção — sem uma gráfica ágil, você não terá o material exigido para a convenção. Uma boa solução, em campanhas majoritárias, é dividir esse trabalho por gráficas regionais.

Planejamento de eventos:
A equipe de campanha deve planejar e executar reuniões, caminhadas, comícios, entrevistas de campanha, visitas a grupos sociais, jantares de arrecadação e outros eventos

para se conectar com os eleitores. A agenda base de uma campanha está nos contatos do celular do próprio candidato. Ela resume os mais fortes apoiadores, aliados políticos, contatos históricos, ligações sociais e pessoas que participaram de suas principais realizações. Mas é preciso planejamento e método para evitar dois problemas: o vazio de agenda, que passa a percepção de um candidato enfraquecido, ou a superlotação da agenda, que gera atrasos e cancelamentos, irritando potenciais apoiadores.

2. Análise SWOT do candidato e/ou partido:

SWOT é a sigla em inglês para um quadro de avaliações de Forças (*strengths*), Fraquezas (*weaknesses*), Oportunidades (*opportunities*) e Ameaças (*threats*), bastante usado no planejamento estratégico de empresas e de negócios. Seguem alguns exemplos, apenas ilustrativos, uma vez que cada campanha deve montar o quadro do seu candidato em função do cargo em disputa.

Forças:
. Imagem do candidato. Por exemplo, carisma;
. Experiência política;
. Alianças com outros partidos e líderes políticos influentes;
. Plataforma política clara e atraente.

Fraquezas:
. Falta de recursos financeiros para a campanha;
. Pouco conhecimento da população sobre o candidato e/ou partido;
. Concorrência forte de outros candidatos e partidos.

Oportunidades:
- Insatisfação ou aprovação do eleitorado com a atual administração e/ou políticos;
- Crescente preocupação da população com questões sociais e econômicas ou preponderância de questões morais;
- Tendência de apoio a candidatos tidos como independentes ou de partidos menores.

Ameaças:
- Dificuldade de acesso às mídias tradicionais;
- Possíveis escândalos envolvendo o partido ou o candidato;
- Concorrência desleal de candidatos com mais recursos financeiros.

3. Mapeamento de pontos fortes e fracos da campanha:

Esse trabalho exige o levantamento da história do candidato, a elaboração de hipóteses, o teste em pesquisas qualitativas e o cruzamento de pesquisas quantitativas. Precisa-se de uma avaliação do cenário político para sopesar alianças e associações que influenciarão o andamento da campanha. Novamente, essa é uma construção individual, sob medida para cada disputa, candidato e cargo. Não estamos tratando aqui de pontos fortes e fracos da biografia do candidato e de seus adversários. Ataques políticos fazem parte da estratégia da campanha. E nada impede que o ponto forte de uma eleição se torne fraco em outra. Vivemos em uma sociedade em constante mudança. Seguem alguns indicadores possíveis a serem utilizados nesse mapeamento de pontos fortes e fracos da chamada estrutura de campanha.

Pontos fortes:
. Número de seguidores e engajamento nas redes sociais e outros meios digitais;
. Alianças com lideranças comunitárias, religiosas e sociais;
. Capacidade de mobilização da militância e agregação de voluntários em eventos de campanha e atividades de conscientização.

Pontos fracos:
. Indefinições e atrasos na organização e planejamento de ações de campanha;
. Dependência de recursos financeiros de doações ou pouco acesso ao Fundo Eleitoral;
. Disputa com candidatos mais conhecidos e com mais recursos financeiros;
. Dificuldade de posicionamento político e indefinição no conceito da campanha.

4. Definição de estratégia eleitoral:

Com base na análise SWOT e na identificação de pontos fortes e fracos da campanha, a estratégia eleitoral definirá um posicionamento político e eleitoral e construirá o maior arco possível de alianças. Apoios políticos ampliam a capacidade de mobilização, o tempo de horário eleitoral gratuito e o acesso ao Fundo Eleitoral.

Nessa etapa, os objetivos passam ainda por ampliar a visibilidade do candidato, com uma campanha bem organizada nas redes sociais, além de buscar engajar lideranças comunitárias, religiosas e sociais na divulgação da plataforma política e na mobilização de eleitores.

O modelo aqui apresentado preconiza, também, a criação de conteúdo e propostas originais para atender às demandas da população, especialmente em relação a questões sociais e econômicas, buscando se destacar da concorrência.

Agora o candidato tem partido e causa. Antecipou a campanha, estruturou as redes sociais, formou o comitê de campanha e contratou as equipes para as várias áreas. Os pilares foram erguidos. A lona chama a atenção. O público começa a chegar. É hora do espetáculo.

CAPÍTULO 4

A cara da campanha

Imagine uma entrevista de emprego para a qual você tenha se preparado da melhor forma possível, de acordo com suas convicções. Diante da pessoa que vai lhe entrevistar, você segue à risca seu pensamento. Mas tudo o que você fala é exatamente o contrário do que a empresa acredita e deseja. Você está perdido. A vaga vai ser de outra pessoa.

Quem deseja muito uma vaga conversa com funcionários e ex-funcionários da empresa em que quer trabalhar e, também, das concorrentes. Mapeia as expectativas do Departamento de Gestão de Pessoas, estuda os critérios de seleção dos Recursos Humanos, e se prepara para o cargo disponível. No dia da entrevista, escolhe o figurino adequado, dá um trato no cabelo e na aparência, coloca um sorriso no rosto e fala com clareza para ser entendido.

Numa campanha eleitoral, o *marketing* político faz isso por você. Elabora pesquisas quantitativas e qualitativas que vão mostrar o melhor caminho possível e adequar sua imagem a esse roteiro. Profissionais da fonoaudiologia trabalham a voz. Profissionais das artes cênicas melhoram a expressão corporal. Profissionais da moda montarão o figurino desejado. Mas isso não significa que você vai ganhar. Todos os outros candidatos estão fazendo a mesma coisa e, com pelo menos um deles, a disputa será acirrada.

Então, vamos voltar à entrevista de emprego. Você foi à empresa e fez tudo errado durante 20 minutos. Seu entrevistador já estava dando sinais de que você seria dispensado. Ele havia encurtado o tempo da conversa e sua expressão era de desagrado. Mas aí, de repente, você falou duas ou três coisas que o tocaram fundo. Duas ou três verdades que ele queria ouvir. Uma frase mágica encantou quem, poucos segundos atrás, o rejeitava. Uma frase que apaga os 20 minutos desastrosos e, numa reviravolta espetacular, você vence a disputa pela vaga e é contratado.

Pois bem, isso acontece. E aconteceu na disputa do cargo mais poderoso do mundo, o de presidente dos Estados Unidos. Nas campanhas, a frase para a qual se atribui um poder mágico é o *slogan*, o lema conciso que embute vários significados.

Todo mundo que vive a política se recorda de *slogans*, marcas ou conceitos de campanhas nacionais e mesmo internacionais. Mas nem sempre a primeira ideia, a linha original da comunicação, testada e aprovada em grupos de pesquisa, acaba por se firmar ao longo da disputa pelo voto.

Campanhas políticas são altamente dinâmicas, fatos positivos e negativos se alternam, concorrentes se apropriam de atributos e deturpam mensagens. Ataques e erros geram crises na candidatura e desconfianças no eleitor.

A guerra de narrativas é um triturador que, ao final, deixará apenas um vencedor. E esse candidato vencedor ganha quatro anos para implantar um projeto e algumas boas ideias que passaram pelo triturador da campanha. Nesse processo, mensagens secundárias ganham, muitas vezes, uma inesperada relevância, enquanto outras, que se pretendiam mais fortes, são esquecidas pelos eleitores.

A gana de vencer é uma energia fundamental que só os melhores candidatos sabem manter durante toda a campanha. "*Yes, we can*" (Sim, nós podemos) decretou, num discurso de derrota, o então candidato nas prévias do Partido Democrata, o senador Barack Obama. Essa é uma mensagem forte, um chamado à ação e ao engajamento, especialmente para jovens, negros e hispânicos — três importantes contingentes eleitorais dos democratas, mas que tradicionalmente têm um alto índice de abstenção num país em que o voto não é obrigatório. E grande parte do sucesso eleitoral de Obama, em 2008, aconteceu porque jovens, negros e hispânicos se mobilizaram, se inscreveram para votar, fizeram pequenas doações e se identificaram com Obama na hora de irem às urnas.

"*Si, se puede*", no entanto, não é criação da campanha de Obama. É o lema usado originalmente em 1972, em meio a uma greve de fome por melhores condições de trabalho, por uma vice-presidente do Sindicato dos Trabalhadores Rurais dos Estados Unidos, um sindicato onde predominava a mão de obra de imigrantes da América Central e do México.

"*Yes, we can*" foi apropriado por Obama em um impactante discurso após sua derrota para Hillary Clinton num dos momentos chave da disputa interna dos democratas: as prévias de New Hampshire. As primárias desse pequeno estado, que faz fronteira com o Canadá, são uma espécie de bússola da campanha, sinalizando o caminho do vitorioso. Ela atrai a atenção da mídia, dos financiadores e da classe política.

Pois bem, Obama até começou bem sua entrevista para o emprego de presidente dos Estados Unidos: ganhou as prévias do Partido Democrata em Iowa e chegou a New Hampshire como grande elemento surpresa — mas perdeu a disputa local para Hillary Clinton. Se não fosse revertida na etapa seguinte, essa derrota poderia lhe custar a indicação. E com a frase, hoje famosa, ele tocou o eleitor democrata e animou sua equipe para obter bom desempenho nas disputas seguintes a New Hampshire. O *slogan* fez Barack Obama, um azarão na disputa, virar o jogo para o qual havia se preparado de maneira mais tradicional e pouco impactante.

O conceito principal da sua campanha era *"Change"* (mude). Uma síntese comum para qualquer candidatura de oposição, mas que naquele momento era apropriada para um candidato novato. Na sua corrida, Obama iria enfrentar primeiramente dois nomes consolidados do Partido Democrata (além de Hillary, havia o senador John Edwards). Sagrado vencedor das primárias, teria de superar um republicano, John McCain, candidato da continuidade do governo de George W. Bush.

"Change we can believe in" (Podemos acreditar na mudança) era o *slogan* primordial da sua campanha, um chamado à renovação e à esperança. Esse conceito era

eficiente a ponto de ter atravessado as primárias e a disputa contra os republicanos. E continuou útil até mesmo na reeleição, quando já tinha sido substituído por *"Forward"* (Avance), uma espécie de passo seguinte à *"Change"* (Mude). Mas ainda que tenha feito uma longa carreira e se mantido vivo até o fim, *"Change"* não tocava o eleitor de Obama tanto quanto o *"Yes, We Can"*. Hoje, o *"Sim, nós podemos"* se tornou parte essencial da biografia de Obama e permaneceu na memória do eleitor e na crônica das campanhas, a ponto de estarmos aqui tirando lições de tudo isso muitos anos depois.

Nenhuma campanha presidencial nos Estados Unidos comete o erro infantil de entrar na entrevista de emprego sem uma preparação completa. Todas têm uma organização exemplar, que se aperfeiçoa a cada nova disputa. Mas a história de Obama mostra que, além da organização, cada campanha precisa encontrar o seu próprio caminho — e esse é um desafio que vai até o último dia.

O conceito da campanha condensa aquilo que o candidato representa no momento eleitoral. Mas ele precisa estar conectado com a história do candidato, gerar motivação nos eleitores e embutir uma ideia central ou proposta de melhoria para a vida das pessoas. Nesse sentido, *"Yes, We Can"* era mesmo mais poderoso do que *"Change"*. Porque, em última análise, ele traduzia com mais força e maior motivação o grande simbolismo existente na eleição de Obama, o primeiro presidente negro da história dos Estados Unidos.

Não existe campanha sem conceito. E nenhuma campanha profissional desenvolve seu conceito eleitoral sem o apoio do *marketing* político, até porque isso seria enganar ostensivamente o eleitor com uma proposta vazia: o *marketing* da campanha sem *marketing*. Em momentos cíclicos de baixa credibilidade dos políticos, muitos eleitores se identificam com o discurso da antipolítica e do antissistema E o discurso da antipolítica costuma vir carregado de *antimarketing*. O problema é que, em ambos os casos, a realidade se impõe.

Candidato que vence a eleição com discurso de antipolítica vira governo, e governo é, por ele mesmo, uma instituição política. A antipolítica é um posicionamento que só dura até o primeiro dia de governo. Ser governo é ser sistema. Da mesma forma, eleitor que acredita que o *marketing* político é sempre manipulador, acaba por ser manipulado por aqueles candidatos que vendem o *marketing* do *antimarketing*. E o *antimarketing* é um eficiente *marketing* político enquanto houver quem acredite nessa impossibilidade lógica.

O *marketing* político, portanto, desempenha um papel fundamental em uma campanha eleitoral. Ele ajuda na construção da imagem do candidato, na criação de uma mensagem clara e convincente e aumenta a visibilidade e a percepção do eleitorado sobre as suas propostas.

Esses elementos são extremamente relevantes para a definição dos votos, pois a maioria dos eleitores decide pelo candidato que apresenta uma imagem mais confiável, coerente e atraente para suas necessidades. Além disso, o *marketing* político e a comunicação também ajudam a criar a identificação entre candidatos e eleitores, fortalecendo a relação entre eles e aumentando a chance de voto.

O prazo oficial de início de uma campanha eleitoral, determinado pela Justiça Eleitoral, marca o momento em que os candidatos podem pedir votos aos eleitores. Mas a construção de uma candidatura majoritária e a definição de seu posicionamento eleitoral começam muito antes.

Em primeiro lugar, é necessário identificar as necessidades e desejos dos eleitores. Para isso, é preciso fazer pesquisas quantitativas e qualitativas. A partir desse primeiro impulso, deve-se pesquisar atributos e defeitos do candidato. O casamento entre as necessidades e desejos do eleitor e os atributos e propostas do candidato definirá o público propenso a apoiá-lo, o eleitor-alvo. A partir daí, deve-se avaliar, de forma quantitativa e qualitativa, várias hipóteses do candidato e do cenário eleitoral. É assim que o *marketing* e a política irão ajustar e direcionar de forma adequada as estratégias de campanha, em busca do maior número possível de eleitores. São esses dados e análises que irão definir seus adversários prioritários. Uma campanha bem-sucedida de *marketing* político irá construir a imagem pública do candidato, associá-lo a valores e realizações e, por fim, elevará consideravelmente suas chances de vitória.

Definidos os conceitos e posicionamentos, o *marketing* irá transformar isso em imagem e mensagem. É o que os marqueteiros chamam de "enxoval" da campanha, a série de conteúdos que inclui, entre outras coisas: a identidade visual, com paleta de cores e logomarca, as fotos a serem empregadas no material gráfico, as vinhetas, *headers* (cabeçalhos) e assinaturas que irão padronizar o visual das redes sociais, o *site* da campanha, a produção de material de rua, como bandeiras, *banners* e cartazes, os mantras que definem o posicionamento e atributos do candidato, e o *jingle*, entre outros materiais.

O *marketing* da campanha, portanto, vai definir as estratégias para conquistar os eleitores, sendo responsável pela criação da imagem do candidato e das mensagens da campanha, produzindo os materiais de propaganda e definindo o formato e o momento em que cada mensagem será empregada em cada plataforma ou meio de comunicação.

Existem muitas palavras e conceitos relativos à comunicação que se misturam na campanha: *marketing* eleitoral, *marketing* político, propaganda política, propaganda eleitoral, comunicação política, comunicação oficial, assessoria de imprensa da campanha e assessoria de imprensa do candidato, por exemplo. Se a campanha majoritária for de um incumbente (alguém que está no exercício do mandato), aí entra ainda toda a parte da comunicação pública e a necessidade de separar legalmente as áreas para evitar abuso de poder político e econômico. Neste livro, vamos fazer uma simplificação e usar preferencialmente *Marketing* para a elaboração de estratégias e posicionamentos, e Comunicação quando essas mensagens saem do comitê para a disputa na arena eleitoral.

Agora, imagine que uma campanha se assemelha à construção de uma casa. Já falamos das fundações, que são as bases sobre as quais ergueremos as paredes: uma motivação ou causa para defender, os pré-requisitos legais, como domicílio eleitoral e filiação partidária, e a criação, atualização e engajamento nas redes sociais para demarcar o terreno de atuação. Subimos as paredes quando falamos do planejamento, antecipação, formação de equipe, definição de atribuições e responsabilidades e implantação da coordenação-geral e do comitê de campanha. E fechamos o teto quando realizamos pesquisas e avaliamos hipóteses para definir conceitos, estratégias e alianças políticas, uma espécie de chapéu que serve tanto para aumentar sua visibilidade quanto para protegê-lo.

Essa é a estrutura da casa, mas é preciso torná-la um ambiente agradável e acolhedor. E esse é o trabalho do *Marketing*. E tudo isso é feito com uma série de peças que todas as grandes campanhas exigem: fotos, vídeos, *jingles*, cartazes, faixas, mantras da campanha, redes sociais. A esse conjunto, dá-se o nome de enxoval da campanha, como já citamos.

E ele, portanto, funcionaria como o enxoval da casa: oferece identidade, estilo e clima. Pode ser mais tosco ou refinado, mais frio ou quente. Cada campanha é uma campanha. E o enxoval ajuda a colocar cada elemento no seu lugar, de acordo com o momento político da eleição. No auge da Lava Jato, por exemplo, com o antipetismo em alta, muitas campanhas fortaleceram as cores verde, amarelo e azul. E mesmo partidos de esquerda atenuaram o vermelho em suas campanhas.

Simbolicamente, uma vez pronto, o enxoval anuncia o momento em que a pré-campanha termina e a campanha já pode abrir a porta e ir à luta, contar o que tem a dizer e brigar pelo voto de cada eleitor. A campanha está na rua. Chegou a hora de se mostrar, de ouvir o que os outros têm a dizer, de antecipar ações e preparar a defesa para ataques que certamente virão. É hora da Comunicação.

É fundamental que a Comunicação tenha um bom alinhamento com toda a equipe da campanha, principalmente com a agenda. Na disputa por cargos majoritários, a cobertura da imprensa, chamada de mídia espontânea, virá em função dos eventos, atos e declarações do candidato. Será preciso planejar o que fazer em cada dia, qual tipo de imagem e de mensagem se deseja para a cobertura diária dos veículos, *blogs* e *podcasts*. Se não tomar a frente, se não for proativa, a campanha ficará à mercê de fatos e ataques pautados pelos adversários. E o eleitor rapidamente diferencia o candidato que puxa a fila e o que anda atrás dela.

Uma comunicação ativa e altiva é essencial para o sucesso de uma campanha eleitoral. Por meio dela, é possível transmitir a mensagem do candidato de forma clara e objetiva para cativar eleitores e manter aceso o debate nas redes sociais. Além disso, a comunicação é uma ferramenta poderosa para destacar as qualidades do candidato e promover suas propostas.

Uma boa comunicação também permite que o candidato se conecte com os eleitores e entenda suas necessidades e expectativas. Dessa forma, ele pode ajustar sua mensagem e programas para atender aos anseios da população, melhorando suas chances de vitória.

Acima de tudo, a comunicação é uma forma de criar empatia com os eleitores e, consequentemente, aumentar sua credibilidade e confiança. As últimas eleições comprovaram o processo de fragmentação dos canais de comunicação. A televisão e o horário eleitoral gratuito continuam relevantes, mas não possuem a mesma hegemonia de antes.

Novos atores ganharam destaque pelo número de seguidores em redes sociais. Muitos desses canais são específicos de determinados nichos sociais. Falam para grupos identitários amplos, mas com agenda própria. Por isso, a Comunicação da campanha não pode prescindir de uma lista de influenciadores digitais. E o candidato precisa construir discursos específicos e marcar presença nesses segmentos.

A prática cotidiana provou que uma comunicação bem-sucedida é fundamental para a construção de uma campanha eleitoral eficiente. Ela permite que o candidato se destaque em meio a seus concorrentes e conquiste a confiança e o voto da população.

Na organização da sua campanha, acompanhe o desenvolvimento da sua estrutura de *Marketing* e Comunicação com especial atenção para esses pontos:

Criação de um núcleo estratégico

O embrião de qualquer campanha grande e competitiva será formado pelo candidato, evidentemente, seu braço operacional, que provavelmente se tornará o coordenador-geral da campanha, e o núcleo político, formado por mais três ou quatro pessoas, como algum líder ou presidente do partido, além do futuro tesoureiro. A eles se somarão o marqueteiro, o responsável pelas pesquisas, o coordenador das mídias sociais e mais duas ou três pessoas responsáveis pela comunicação, dados e produção de conteúdo, além de um bom advogado eleitoral. A esse núcleo caberão algumas das principais tarefas de montagem da pré-campanha, entre elas:

1. **Defina seu público-alvo**
   Antes de criar uma estratégia de comunicação com os eleitores, é importante definir quem é o seu público-alvo. Quem são as pessoas que mais se identificam com a sua candidatura? Quais são seus interesses? Quais são suas principais preocupações? Conhecer seu público-alvo é essencial para criar mensagens que alcancem as pessoas certas, o maior contingente potencial de eleitores da sua candidatura.

2. **Prepare-se para os diversos canais de comunicação**
   Existem diferentes maneiras de alcançar e se comunicar com os eleitores. Você pode usar as mídias tradicionais, como rádio e televisão, mas também deve investir em mídias *online*. Cada uma delas demanda diferentes mensagens e estratégias. É por isso que você precisa de pessoas que conheçam e atuem em todas as mídias.

3. **Defina a mensagem principal**
   Sua campanha precisa ter uma mensagem principal que resuma sua plataforma e o que você representa. Essa mensagem deve ser clara e objetiva, e deve ser utilizada em todas as suas comunicações. Todas as

suas mensagens devem estar alinhadas à mensagem principal da sua campanha.

4. **Planeje conteúdo relevante**
Para atrair a atenção dos eleitores, é importante criar conteúdo relevante que desperte interesse. Sua equipe de comunicação irá produzir vídeos explicando suas propostas, publicar artigos sobre temas que sejam importantes para seus eleitores e compartilhar histórias inspiradoras, relacionadas à sua trajetória, para fortalecer os atributos de campanha.

5. **Tenha uma presença ativa nas redes sociais**
Cada vez mais as redes sociais se tornam um espaço relevante para a comunicação política. Diferentemente dos meios tradicionais, as redes sociais permitem um diálogo mais próximo e direto com os eleitores, possibilitando uma maior troca de informações e ideias.

É importante que os candidatos entendam o potencial dessas plataformas e saibam utilizá-las de maneira estratégica. Criatividade e originalidade fazem o candidato se destacar no mar de informações que chegam a todo segundo aos celulares dos eleitores. Ter um calendário de postagens e compartilhar conteúdo atualizado são atitudes fundamentais para manter o engajamento dos seguidores. Sua equipe de *marketing* fará o trabalho de segmentação das mensagens, visando atingir determinados grupos e regiões, o chamado *microtargeting*, alcançado pelo impulsionamento de *posts* específicos, dentro das regras eleitorais.

Além disso, é essencial que a comunicação nas redes sociais seja autêntica e transparente, transmitindo confiança e credibilidade ao eleitorado. A interação com os seguidores, respondendo às suas perguntas e dialogando com eles, é uma forma efetiva de criar uma conexão com o público e construir uma imagem positiva do candidato.

Porém, é importante lembrar que a comunicação política nas redes sociais não pode se limitar apenas ao período eleitoral. É necessário manter um diálogo constante com os eleitores ao longo de todo o mandato, divulgando as ações realizadas e prestando contas das suas decisões.

Assim, utilizar as redes sociais de forma estratégica pode ser um diferencial importante para os candidatos que buscam conquistar votos e fidelizar eleitores. Por meio de uma comunicação autêntica e transparente, é possível construir uma imagem positiva e criar uma relação de confiança com os seguidores.

6. Crie eventos de campanha

Eventos de campanha são boas oportunidades para se conectar pessoalmente com os eleitores. Crie eventos em que possa conversar com as pessoas e explicar suas propostas. Aproveite esses momentos para escutar o que os eleitores têm a dizer e responder às perguntas. Participe de eventos que atendam aos diversos setores da sociedade.

7. **Monitore os resultados**

    Para saber se sua estratégia de comunicação está funcionando, é importante monitorar os resultados. Acompanhe o alcance de suas postagens nas redes sociais, o engajamento dos eleitores e o número de pessoas que comparecem aos seus eventos. Com essas informações, você poderá ajustar a estratégia e fazer as mudanças necessárias para garantir o sucesso da campanha.

Preparação do candidato e *Media Training*

O ponto mais conhecido da preparação dos candidatos é o treinamento para lidar com a imprensa, chamado de *Media Training*. Ele vai fornecer ao candidato respostas para questões espinhosas — tanto em relação a temas controversos do país — quanto em relação às contradições da sua própria trajetória. Mas uma preparação completa exige o trabalho de profissionais da fonoaudiologia, das artes cênicas e da moda. A fonoaudióloga irá melhorar pronúncias e entonações. Preparadores de atores corrigem posturas e ensinam movimentos para que o político tenha mais atitude e presença nos seus eventos, inclusive nos debates de televisão. E os profissionais de moda farão o figurino de campanha de acordo com a mensagem que se deseja passar. Variações de vermelho podem compor o figurino de um candidato de esquerda, mas apenas excepcionalmente farão parte das roupas de um candidato do campo azul. Numa campanha, tudo é mensagem e todos os simbolismos contam.

Com essa preparação, os candidatos melhoram a impostação e corrigem vícios de pronúncia. Controlam melhor a linguagem corporal, evitando posturas e expressões negativas. Apresentam-se sempre com um figurino bem composto, garantindo que suas declarações chamem mais a atenção do que sua roupa ou cabelo. Um bom treinamento ajuda o candidato a evitar declarações que possam desagradar alguns grupos sociais e oferece respostas a temas espinhosos. *Media training* também ajuda a identificar possíveis armadilhas e a lidar com situações adversas ou perguntas difíceis durante entrevistas. Indica quais são os seus pontos fortes e fracos, dá dicas para evitar que sejam utilizados termos técnicos ou complexos que a maioria das pessoas não entende, e prepara para falar de forma clara e precisa, usando exemplos objetivos.

Se a intenção da sua candidatura não é chocar pelo palavreado, nem aparecer pela roupa ou cabelo chamativos, essa ampla preparação está para a campanha da mesma forma que a zaga está para um time de futebol: talvez ela não faça gols, mas evita que você tome uma bola nas costas.

Lembre-se: o eleitor tudo julga. Suas expressões faciais poderão virar *memes*. Seus deslizes de fala ou de conteúdo serão explorados pelos adversários. Se você for castiço no português, será entendido como um candidato elitista. Se for extremamente coloquial, poderá parecer rústico ou despreparado. Se a sua camisa estiver suja ou a gravata estiver torta, sua mensagem será menos efetiva — as pessoas irão prestar atenção na roupa e não em você. Se você tiver um tique com o pescoço ou com as mãos, ele irá roubar a atenção das pessoas, afetando o entendimento do conteúdo da sua fala e de suas propostas. Ridicularizar no comportamento para desqualificar no conteúdo é uma constante da oposição política, mesmo fora dos períodos eleitorais. E pouco importa se você é um político de esquerda, centro ou direita. Seus defeitos serão notados, enfatizados e expostos pelos adversários.

Por isso, a preparação é tão importante: ela é o muro da sua fortaleza, o reforço na sua linha de defesa. Vai atenuar eventuais manias. Vai deixar você alerta e treinado para os problemas. Seguindo os passos do *Media Training*, o candidato estará bem orientado para uma ótima entrevista. Lembrando que não está disputando apenas os votos, mas também o reconhecimento e apreciação dos eleitores e da mídia em geral. Campanha é construção de imagem. E, mesmo em casos de derrota, essa imagem seguirá com a pessoa para algum cargo público ou servirá de base para a campanha seguinte.

Faça um paralelo com os atletas de alta performance. Eles cuidam dos detalhes, como alimentação e sono e corrigem movimentos e treinam novas habilidades. Numa eleição, você precisa ser um atleta de alto desempenho. Sua equipe de preparação e treinamento sabe como aperfeiçoar qualidades e corrigir limitações.

Em resumo, a preparação é fundamental para garantir que o candidato consiga transmitir sua mensagem e conquistar a confiança e simpatia dos seus eleitores. E ela precisa ser feita o quanto antes, ainda durante a fase de postulação de uma candidatura. Ela antecede tudo, até mesmo a pré-campanha.

Pesquisas

O *Media Training*, os exercícios de postura e dicção e a definição do estilo fazem a preparação do candidato. As pesquisas são a preparação da candidatura. Elas vão definir o posicionamento, os mantras, explicitar pontos fortes e alertar para pontos sensíveis da candidatura. Como a preparação do candidato, as pesquisas também antecedem a pré-campanha. E usam a pré-campanha como fase para novos testes e reposicionamentos.

Num ciclo de antipolítica e de ataques ferozes ao chamado sistema, como tem acontecido em todos os países democráticos, as pesquisas se tornam objeto de crítica e de desconfiança. Na ansiedade eleitoral, muita gente toma pesquisa como resultado, mas pesquisa é tendência e só a urna sentencia.

Existem infinitamente mais acertos do que erros nas pesquisas. Os profissionais da pesquisa eleitoral estão sempre atentos às mudanças de humor da sociedade, inclusive fora dos períodos eleitorais. O debate sobre aperfeiçoamento de métodos e técnicas é constante. Mas é claro que muita gente se deixa levar por opiniões impressionistas, de videntes e *likes* na internet, a consultas entre amigos. Candidatos em dificuldade eleitoral apostam sempre em um milagre, o raio revelador que iluminará os eleitores para elegê-lo. A verdade, porém, é que não existe nenhum outro método mais confiável do que as pesquisas, tanto quantitativas quanto qualitativas, para se medir o desempenho das candidaturas. E mesmo os candidatos mais ferozmente antissistema contratam tantas pesquisas quanto seu orçamento permite.

Se você quiser lançar uma campanha sem fazer pesquisas, pode fazê-lo. No entanto, saiba que ela será como o título de uma antiga série da televisão: *Perdidos no Espaço*. Pesquisas balizam qualquer campanha. E são uma poderosa fonte de subsídios para a criação da propaganda eleitoral. Elas não são a garantia da vitória, mas são imprescindíveis para sua candidatura evitar erros que podem afundá-la rapidamente. Muitas vezes, as pesquisas são como um farol na escuridão do litoral: elas não lhe dão o caminho absolutamente preciso, mas avisam que se continuar na direção errada, você vai bater no rochedo.

Para o sucesso do seu trabalho, os institutos de pesquisa definem uma amostra representativa da população e utilizam métodos científicos para coletar e analisar os dados. A *expertise* de cada um garante a qualidade dos questionários. Perguntas equivocadas não chegam a respostas válidas. Elas fornecem respostas igualmente equivocadas. Questionários bem estruturados, aplicados por entrevistadores treinados, garantem a validade e a confiabilidade dos resultados. Boas respostas nascem de boas perguntas.

Um bom contrato de pesquisa vai permitir que você teste vários cenários e alternativas. É importante testar posicionamentos e peças da campanha, bem como fazer os cruzamentos de pesquisa que indicam espaços para o crescimento da candidatura. Por isso, tenha pelo menos um especialista em pesquisa na sua equipe de *marketing*. Ele trabalhará muito próximo do instituto de pesquisa que você irá contratar e será fundamental para levar o entendimento da campanha para os questionários e grupos de avaliação. Além disso, será responsável por trazer de volta para a campanha a correta leitura das pesquisas.

Na análise de dados, procure utilizar ferramentas para interpretar e extrair *insights* dos dados coletados, considerando a margem de erro e outras variáveis relevantes. E, ainda, seja cuidadoso com a interpretação dos dados e evite tirar conclusões precipitadas ou enviesadas.

Desde a Constituição de 1988, o Brasil vive o maior período democrático de sua história. Gerações de eleitores nasceram e votaram numa democracia. O eleitor tem feito suas escolhas cada vez mais próximo do dia da eleição, especialmente para cargos legislativos. Por isso, pesquisa é tendência. Uma tendência bastante acurada. Mas resultado, só na urna.

Comunicação visual

Agora você tem um núcleo político e uma equipe de *marketing*, melhorou seu visual e o jeito de falar. Está se preparando para entrevistas e eventos. Fez pesquisas, começou a saber o que o eleitor espera dos candidatos, definiu seus pontos fortes e talvez já tenha até um *slogan* de campanha. Mas sua campanha não tem cara ainda. E sem identidade visual, você não tem uma campanha política.

Imagem é tudo. E você precisa de identidade visual na propagação e defesa da causa. Na verdade, essa nem é uma constatação nova e muito menos do *marketing* político. Está aí há mais de 2 mil anos, sobrevivendo a tempos de prosperidade, guerras e pestes, como elemento icônico do que talvez seja a mais conhecida representação de uma instituição humana: a cruz da Igreja

Católica. Símbolos traduzem sentimentos, e ao longo de seus 2 mil anos, a cruz já foi usada para a guerra e a paz, o amor e o ódio. O símbolo é o mesmo, já o sentimento que ele representa varia. Por isso, os símbolos mudam e se renovam a cada eleição, como podem atestar os onipresentes emojis das redes sociais.

Esse é o poder da comunicação visual: criar identidades e símbolos e conectá-los a sentimentos. Fazer um L ou uma arminha, por exemplo, resume-se a um símbolo que representa seu voto. Um candidato competitivo precisa desses símbolos para se destacar.

A identidade visual é parte integrante da estratégia de *Marketing* Político e Comunicação. Ela consiste na representação visual da imagem, valores e ideias do candidato, partido ou organização, por meio de elementos visuais como logos, cores, tipografias, padrões, imagens e símbolos.

Uma identidade visual bem construída é capaz de transmitir uma mensagem clara e impactante, gerando conexão emocional com o público-alvo e contribuindo para a construção de uma imagem positiva e coesa.

A criação de uma identidade visual deve levar em consideração a personalidade do candidato, o contexto político e social, a linguagem visual do público-alvo, além de ser coerente com os valores e propostas do candidato.

É a identidade visual que materializa a campanha. Ela dá a cara da campanha. E, portanto, é uma ferramenta estratégica de comunicação que deve ser utilizada de forma planejada e coerente com os objetivos da campanha. O conteúdo criado com base na história do candidato, com o apoio das pesquisas, reforçado pela criatividade do *marketing*, agora ganha forma.

E ele estará nos folhetos, cartazes, faixas, adesivos e *banners*. Dará forma aos mantras de campanha, fornecendo cores, artes e destaques nos discursos e mensagens do candidato. Será multiplicado na produção de conteúdo para as redes sociais do candidato, integrando vinhetas, *posts* e vídeos. E estará no horário eleitoral gratuito.

A escolha da identidade visual é, por si só, uma peça de campanha. Ela é uma das principais, pois provoca o primeiro impacto e serve como o primeiro teste com o eleitor. Ela dirá se o candidato deseja se apresentar como alguém mais conservador ou arrojado, mais moderno ou convencional, mais dinâmico ou sóbrio. Se o candidato vai ser o aventureiro que os eleitores podem desejar, ou se vai ser alguém pacato e familiar para reforçar outros valores. O que importa é que a comunicação visual esteja de acordo com a proposta da campanha.

Um *outsider* pode usar símbolos, expressões e propostas arrojadas, como aconteceu na eleição argentina de 2023. Javier Milei desfilava com uma motosserra, estava sempre despenteado e usava como lema a expressão *"viva la libertad, carajo"*. Em outros tempos, seria a receita para se tornar um personagem folclórico de poucos votos. Em 2023, deu certo na Argentina porque o que realmente importa é o eleitor gostar do que vê e se identificar. E o impacto será ainda mais forte e duradouro se essa identificação vier logo no primeiro olhar.

Equipe de estratégia de conteúdo

Algumas frases ficaram para a história das campanhas presidenciais no Brasil, mas não pelo que significaram de bom, e sim pelo que trouxeram de problemas para os candidatos.

"Se está com desejo sexual, estupra, mas não mata." Paulo Maluf era candidato do PDS à Presidência da República em 1989, a primeira eleição direta para presidente depois de 21 anos de ditadura, quando falou essa frase num encontro com estudantes numa faculdade. Queria defender a pena de morte para estuprador que mata a vítima. Tornou-se defensor do crime, aos olhos dos eleitores. Terminou o primeiro turno em quinto lugar, com 8,85% dos votos.

"(O papel dela) é dormir comigo." Ciro Gomes, na campanha de 2002, ao responder, mais uma vez, à pergunta de jornalistas sobre o papel na campanha eleitoral da sua mulher à época, a atriz Patrícia Pillar. Era uma ironia, que ele fez questão de ressalvar quase imediatamente, mas a frase ganhou vida longa e o transformou, para muitos eleitores, num candidato que menosprezaria as mulheres. Chegou a liderar algumas pesquisas, até o dia da desastrada resposta. Depois, o candidato começou a cair e terminou o primeiro turno em quarto lugar, com 11,97% dos votos.

Nenhum candidato está livre de pronunciar uma frase infeliz, que comprometa o desempenho da campanha. Prudência e disciplina são bons antídotos contra gafes. Mas, uma campanha profissional deve contar com uma estrutura de apoio às declarações, palestras, entrevistas e debates do candidato. Ela se chama equipe de estratégia de conteúdo.

Até aqui, você cumpriu uma longa lista de tarefas, testes e preparações. Montou seu núcleo de campanha, pesquisou concorrentes, mapeou expectativas do eleitor, definiu um caminho e transformou tudo isso em imagens e símbolos. Mas o que você vai dizer sobre problemas específicos da sua cidade, se for candidato a prefeito? Ou do estado? Ou do Brasil? E como vai responder às críticas dos adversários, ou a perguntas espinhosas de jornalistas ou eleitores? Aliás, quais seriam essas críticas ou perguntas? Em qual momento elas devem aparecer?

É para isso que a campanha precisa de uma equipe de conteúdo. Um núcleo de alguns jornalistas experientes que irá escarafunchar dados, se debruçar sobre números e realizações, antecipar problemas e entregar respostas simplificadas, numa linguagem fácil de ser entendida. Uma equipe que sabe os temas preferenciais de veículos da imprensa e de jornalistas. Que acompanha a história dos concorrentes e tem dados para você se contrapor a cada um deles.

É essa equipe que irá participar das definições dos debates e será responsável por preparar um caderno com as questões a serem abordadas. Ela definirá a estratégia, com base nas regras e no sorteio, indicando temas e candidatos a serem perguntados. O time de conteúdo vai preparar o candidato para sabatinas e entrevistas e também auxiliará a agenda de campanha na definição de eventos que terão maior cobertura da imprensa.

Existem campanhas nas quais a equipe de conteúdo se responsabiliza pelas propostas que serão registradas na Justiça Eleitoral e que ficarão públicas para a imprensa e os adversários. Em outras, essa equipe precisa validar o material preparado por especialistas. A ela cabe avaliar quais ideias vão ser usadas negativamente pelos adversários e quais podem gerar ruídos em grupos sociais — e, eventualmente, preparar a resposta para esses casos, se a decisão do candidato for seguir adiante com ideias polêmicas.

Uma campanha majoritária pode exigir do candidato discursos e propostas para seis, sete, até dez diferentes eventos num único dia. É possível tomar café da manhã com empresários, dar entrevista a uma rádio, participar de um debate numa universidade, fazer uma caminhada numa rua de comércio popular na hora do almoço (com cobertura da imprensa), falar num sindicato de trabalhadores, ser convidado de um *podcast* e frequentar um culto religioso, por exemplo.

Os melhores candidatos têm experiência e conhecimento suficientes para falar com propriedade a cada um desses diferentes grupos. Mas é sempre um desgaste intelectual pensar em cada virada de chave, buscar na memória e na sensibilidade política a fala ideal para cada plateia. E nem sempre existe tempo ou ambiente para essa reflexão anterior às falas. Campanhas correm rápido. O ritmo acelerado obriga o candidato a despachar mensagens no celular enquanto está no carro e atender telefonemas nos poucos minutos que antecedem um desses eventos. Por isso, mesmo os mais bem preparados se sentem muito mais seguros ao fazer todas essas viradas mentais se receberem um material previamente elaborado pela equipe de conteúdo.

É mais fácil discursar quando se tem um material direcionado para cada evento, com falas inseridas na estratégia da campanha. Mas o roteiro prévio tem um benefício ainda maior: ele fornece um trilho ao candidato. Garante a precisão de números e realizações, evita divagações ou abordagem de temas desinteressantes e, sobretudo, impede gafes, seja pelo uso de palavras ou frases inapropriadas, seja por respostas improvisadas no calor de uma discussão.

Uma boa equipe de conteúdo oferece muitas vantagens à campanha. Ajuda a unificar a mensagem, concentrar no essencial, falar de forma segmentada muitas vezes ao dia e a desarmar armadilhas e pegadinhas em entrevistas e debates. Essa equipe trabalha para organizar e preparar o conteúdo que será apresentado, tornando-o mais interessante, relevante e produtivo. E, assim, garante a efetividade de reuniões, debates, palestras e entrevistas.

O que essa equipe precisa fazer para atender à demanda do candidato?

1. **Identificar os principais temas da campanha:** é importante saber quais são as principais demandas da população e quais são as principais promessas do candidato. Dependendo do cargo em disputa (vereador, prefeito, deputado estadual, deputado federal, governador, senador e presidente), esses temas podem variar, mas algumas questões comuns são saúde, educação, segurança, mobilidade urbana, emprego e renda. Os números básicos do diagnóstico do Brasil, do seu estado ou da sua cidade devem estar sempre à mão até serem memorizados, pela repetição, em palestras e entrevistas;

2. **Pesquisar dados e estatísticas:** você pode utilizar dados do IBGE, do sistema de informações do SUS, do Ministério da Educação, entre outras fontes confiáveis, para embasar as propostas. Além disso, é importante conhecer a situação financeira do

município ou estado, para saber quais são as possibilidades de investimento;

3. **Conhecer o público-alvo:** dependendo da região, do perfil socioeconômico e da faixa etária dos eleitores, é necessário adaptar o discurso e as propostas. Propostas claras e frases contundentes facilitam a divulgação de vídeos segmentados nas redes sociais;

4. **Treinar o candidato:** faça simulações de debates, entrevistas e reuniões para que o candidato se acostume a falar em público e tenha segurança ao responder perguntas difíceis. Além disso, é importante treinar a postura, a entonação de voz e a linguagem corporal. Corrija tiques e manias que tirem o foco da mensagem;

5. **Organizar o conteúdo por tópicos:** para que o candidato não se perca durante debates e palestras, é importante organizar as ideias por tópicos, de forma clara e objetiva. Você pode utilizar *slides*, cartilhas ou outros recursos visuais para facilitar a compreensão;

6. **Preparar respostas para perguntas frequentes:** é comum os candidatos serem questionados sobre temas específicos, como obras inacabadas, corrupção, falta de verbas, entre outros. Por isso, é importante preparar respostas bem estruturadas e que não deixem margem para interpretações equivocadas;

7. **Ter um posicionamento sobre temas que suscitem debates morais e identitários, cada vez mais presentes nas campanhas:** casamento entre pessoas do mesmo sexo, aborto, liberação de drogas para uso medicinal ou recreativo, liberdade de culto, participação feminina em cargos públicos, equidade racial, políticas antirracistas, ações afirmativas, políticas públicas para população LGBTQIA+, flexibilização do uso de armas de fogo, proteção animal, entre outros assuntos;

Em resumo, uma equipe de produção de conteúdo é essencial para garantir que reuniões, debates, palestras e entrevistas sejam efetivas, engajando e transmitindo informações relevantes de forma clara e envolvente.

Marketing e produção para o horário eleitoral

"Começa agora o horário eleitoral gratuito, sob a responsabilidade dos partidos políticos."

Faz pelo menos uns três meses que você está em campanha, esperando a hora de ouvir essa locução na TV e, claro, assistir ao que vem depois dela. Pois essa hora chegou. Agora é pra valer. E você vai brilhar — ou ser ignorado, ridicularizado e até odiado pelos eleitores: Depende de como você vai se apresentar no guia eleitoral da televisão.

O horário eleitoral gratuito existe no Brasil desde 1962. Já viveu momentos lamentáveis, como na edição da chamada

Lei Falcão, na ditadura militar. Ela limitava a apresentação na televisão a uma foto do rosto e a leitura do currículo do candidato. A Lei era uma referência ao seu autor, o ministro da Justiça do general Ernesto Geisel, Armando Falcão. Foi justificada com a desculpa de igualar as oportunidades. Mas seu objetivo, na realidade, era impedir que os candidatos fizessem críticas ao governo e à ditadura, depois da vitória esmagadora da oposição na eleição para o Senado em 1974. A regra era uma forma velada de censura política em plena campanha eleitoral — e dessa época vem boa parte da percepção geral de que horário eleitoral é chato. Com a Lei Falcão e seu desfile soturno de fotos 3 x 4 mais a leitura sorumbática de currículos, era mesmo.

Mas a propaganda eleitoral também teve sua fase gloriosa, como na disputa de 1989, a primeira eleição direta para presidente após 29 anos. Eram 2 horas e 20 minutos diários durante quase 60 dias. O horário na televisão registrou os primeiros efeitos de computação gráfica — especialmente na candidatura de Fernando Collor, que venceu a eleição. A propaganda de 1989 ajudou a popularizar o *jingle* "Lula lá" e foi fundamental para o crescimento do PT, que chegou ao segundo turno. E também marcou a estreia de um famoso símbolo partidário: o tucano do PSDB do candidato Mário Covas, quarto colocado. Debates entre os candidatos eram editados livremente e levados ao horário eleitoral. Ataques pessoais voltaram com tudo à propaganda política: a redemocratização do Brasil tinha sede de liberdade, e o horário gratuito, ao lado dos debates e dos grandes comícios, foi o seu grande palco.

O horário eleitoral gratuito não é gratuito. A Receita Federal estima seu custo em torno de R$ 850 milhões. Para veicular o guia eleitoral, as emissoras de rádio e televisão abatem do imposto de renda uma parcela da receita daquele horário, de acordo com a tabela de cada veículo de comunicação. Além disso, grande parte do seu custo de campanha estará concentrada em toda essa equipe de *marketing*. São dezenas de profissionais necessários para roteirizar, gravar, sonorizar, editar, finalizar, colocar legendas e tradução em libras (língua brasileira de sinais), distribuir o material de acordo com os horários, tempos e regras, medir o impacto e avaliar o resultado a cada momento.

E fazer todo esse trabalho para os programas de televisão e rádio, as inserções comerciais ao longo da programação dos veículos, as peças específicas para as redes sociais, com a diferença de linguagem que existe entre as várias plataformas.

Nos últimos 20 anos, o horário eleitoral tem sido menos eleitoralmente decisivo. A cada disputa, aqueles dois blocos fixos, da tarde e da noite, perdem audiência e, com isso, é preciso mais tempo de exposição para se atingir uma massa significativa de eleitores. O tempo de exposição também está mais curto. Em 2022, foram cinco semanas, com blocos de 25 minutos diários.

O declínio de audiência teve uma exceção em 2020, na disputa pelas prefeituras. Dois fatores devem ser considerados para essa exceção: a redução gradual no número de assinantes dos canais pagos, em virtude da longa crise econômica iniciada na recessão de 2015, e a maior presença dos eleitores em suas residências, em decorrência das medidas de distanciamento social da pandemia.

Mas será mesmo que o horário eleitoral trocou seu histórico de superioridade por uma espécie de complexo de inferioridade? Se você acha que pode prescindir dele, talvez deva repensar o desejo de ser candidato. Dos três fatores que mais esquentam uma campanha e fazem o candidato ser reconhecido nas ruas e comentado nos encontros sociais — horário eleitoral, debates e comícios —, a propaganda foi o que mais se atualizou.

Debates estão engessados por regras que dificultam o enfrentamento pessoal, à exceção de alguns confrontos de segundo turno. Muitas emissoras, por exemplo, estabelecem blocos temáticos para o debate, com perguntas obrigatórias sobre assuntos como saúde, educação ou obras. E os comícios se tornaram ações para a militância desde 2006, quando houve a proibição dos *showmícios* — os eventos em que multidões iam a *shows* gratuitos de artistas consagrados e tinham de ouvir também discursos de políticos.

A produção para o horário eleitoral, no entanto, vai além dos blocos fixos anunciados após a frase solene do "horário sob a responsabilidade dos partidos políticos". Na televisão e no rádio, a propaganda eleitoral prevê as inserções no meio da programação. Em 2022, elas tinham que ter 30 segundos ou 60 segundos cada. Entravam sempre em três blocos: o da manhã (de cinco horas até meio-dia), o da tarde (até 18 horas) e o da noite (até meia-noite). No total, são 70 minutos diários de inserções, contemplando todos os cargos e partidos com tempo de TV.

Nas eleições de 2022 em São Paulo, por exemplo, havia 28 inserções para o governo estadual e 28 para o Senado, distribuídas entre cinco candidatos a cada cargo. Esse acúmulo de comerciais muitas vezes cria intervalos inteiros de propaganda política, o que reduz a eficácia das inserções.

Para organizar e distribuir todo esse material, o *marketing* tem uma equipe específica de mídia, encarregada de planejar a melhor distribuição das inserções, alertar para a minutagem e outras regras, além de subir os arquivos nas plataformas que distribuem os programas eleitorais e os comerciais para as emissoras de televisão e rádio.

Em razão do número de candidaturas, candidatos a cargos proporcionais têm, individualmente, um tempo bem menor de televisão e de inserções. É por isso que acabam por fazer blocos relativamente padronizados, com destaque para seu número e tempo para falar apenas uma proposta ou frase de impacto, como "vote Tiririca, pior que tá não fica" ou "meu nome é Enéas".

Candidatos a cargos majoritários têm uma estrutura mais ampla. Em geral, os partidos políticos fornecem a estrutura de gravação para seus candidatos proporcionais. Já os majoritários escolhem suas equipes de *marketing* e comunicação — e mantêm uma relação muito próxima antes, durante e depois da campanha.

A regra da divisão do horário eleitoral destina 10% do tempo igualmente entre as legendas. Os outros 90% variam de acordo com as respectivas bancadas eleitas no pleito anterior. Isso significa que os partidos com maiores tempos para 2024 e 2026 são: PL (99 deputados),

Federação PT/PV/PCdoB (80 deputados), União Brasil (59), PP (47), MDB (42), PSD (42) e Republicanos (41).

E aqui está uma das principais vantagens de estar filiado a um partido grande: ele tem mais tempo de televisão e rádio e mais recursos do Fundo Eleitoral, o que garante mais estrutura na campanha e programas eleitorais mais elaborados. Ou seja, esses partidos tendem a concentrar as candidaturas majoritárias mais competitivas. Se você quiser largar com alguma vantagem sobre seus concorrentes, procure se filiar a um deles.

Campanha competitiva precisa de *marketing* competitivo. Ele é essencial, e por meio dele os candidatos amplificam a comunicação com os eleitores e apresentam melhor suas ideias, propostas e visões. Uma equipe de *marketing* experiente e qualificada é determinante para o sucesso de uma campanha eleitoral: ela ajuda a definir a imagem do candidato, destaca suas qualidades, cria empatia com o eleitorado e enfatiza os pontos fortes de sua plataforma política.

Além disso, um *marketing* eficiente pode ajudar a atrair a atenção do eleitorado para as questões mais importantes da campanha, mobilizar apoiadores, aumentar a participação popular nas eleições e fomentar o debate sobre os temas relevantes para o país. Por meio de uma estratégia de *marketing* bem planejada, os candidatos podem se aproximar dos eleitores e conquistar a confiança de um público que muitas vezes está descrente em relação à política.

Quantas vezes você já presenciou um candidato entrar numa campanha com baixo grau de conhecimento e sair dela como um líder capaz de resolver os problemas da sua cidade, do seu estado ou de seu país? O *marketing* político não fabrica candidatos, da mesma forma que o *marketing* comercial não fabrica sabonete, cerveja ou feijão. O *marketing* ressalta os atributos, a história e as realizações que fazem essa pessoa merecer a confiança da população ao longo da campanha. Ele proporciona a conexão do candidato com o eleitorado, destacando as suas virtudes, enfatizando os pontos fortes da plataforma política e mobilizando a participação popular nas eleições. Por isso, é importante que os candidatos se dediquem a criar uma estratégia de *marketing* eficiente e estejam preparados para enfrentar os desafios que surgirem ao longo da campanha eleitoral.

Redes sociais

Na era digital, a regra é clara: ou você está "*on*" ou está "*off*". Ou você se liga ou já perdeu a eleição. A urna é eletrônica e a campanha é digital. Ela está na palma da mão, acessível 24 horas por dia nas redes sociais. A primeira regra das redes sociais é estar presente. Esteja em todas: WhatsApp, Instagram, YouTube, TikTok, Facebook, X (antigo Twitter), Telegram e o que mais existir no momento da sua campanha.

Prepare sua biografia oficial. Tenha uma página na Wikipédia. Procure citações de fontes com credibilidade, como jornais consagrados e publicações oficiais, para respaldar as informações da sua biografia na Wikipédia. Escale um profissional para ser uma espécie de administrador dessa página. Seus adversários poderão acrescentar elementos negativos na sua biografia. Tenha à mão os argumentos, fontes e citações para desfazer eventuais inverdades. A disputa política está em toda a parte e, naturalmente, também invade as páginas da Wikipédia.

Registre um domínio, crie um *site*. Ainda que a audiência dos *sites* oficiais de campanha seja baixa, ela cresce ao longo da corrida, e pode ser muito relevante para os seguidores num segundo turno de uma campanha majoritária.

No *site* estarão sua história, um pouco da sua vida familiar e a apresentação, de forma clara e acessível, das suas ideias e propostas de governo. O *site* reforça seu compromisso com as promessas de campanha. Além disso, é um canal adicional para que os eleitores entrem em contato com o candidato, enviem perguntas, sugestões e críticas. O *site* estabelece um diálogo direto com os eleitores e ajuda a construir uma imagem positiva e confiável.

Além disso, a existência de um *site* contribui para aumentar a visibilidade do candidato nos resultados de buscas *online*. Isso significa que, quando os eleitores buscarem informações sobre o candidato, o *site* deveria ser um dos primeiros resultados a aparecer.

Cerca de 90% das pessoas ficam apenas na primeira página de resultados da busca. E 25% clicam no primeiro *link*, quando pesquisam algo na *internet*. Ou você aparece aí ou você desaparece.

Existem profissionais especializados em melhorar o posicionamento de determinadas palavras e *links* nos sistemas de busca, como o Google. São os SEOs (*Search Engine Optimization*), os encarregados de otimizar os mecanismos de busca. Sua equipe precisa de um deles. Além de melhorar a exposição do *site* e dos temas da sua campanha nos buscadores, ele saberá quais os temas e palavras-chave incomodam mais as candidaturas adversárias.

Acompanhe os dados das ferramentas de monitoramento. Elas irão mostrar o desempenho da sua candidatura nas redes e diagnosticar pontos fortes e fracos das campanhas concorrentes.

Use os modismos relâmpagos, as *trends*, para aumentar seu engajamento, falando a linguagem que as pessoas querem ouvir. Produza peças específicas para cada plataforma. O que funciona bem no Instagram muitas vezes não dá audiência no X (antigo Twitter) ou vice-versa.

Reserve uma parte significativa dos recursos de propaganda para patrocinar *posts* que irão aumentar a audiência e o engajamento da sua candidatura.

Até o início da década de 2010, a propaganda política tinha um time auxiliar para fazer "essas coisas da *internet*". Essa época acabou. Agora, o *marketing online* e *offline* é uma coisa só. Não são mundos separados. São canais de distribuição de conteúdo para alcançar as pessoas onde quer que elas estejam.

As redes sociais permitem atingir diretamente o público-alvo sem ter que ficar atrelado apenas às campanhas tradicionais de TV e rádio. Mas grande parte do conteúdo e do debate público que se vê nas redes nasce da produção dos comerciais de TV, de cortes do programa eleitoral, de fragmentos dos debates de TV, das repercussões na imprensa (que também é pautada pela produção das campanhas, num processo que se autoalimenta) e das participações em entrevistas e eventos.

Por isso, é preciso ter uma equipe experiente em campanhas políticas. Esse time irá planejar a melhor estratégia de divulgação dos vários conteúdos relevantes e saber direcionar o conteúdo mais adequado a cada plataforma, para atrair a atenção dos eleitores e engajá-los.

As redes sociais permitem uma comunicação muito mais personalizada do que outras formas de mídia. Os candidatos podem se conectar com eleitores de diferentes idades, gêneros e interesses, podendo adaptar a mensagem de acordo com o perfil de cada um. Isso permite uma aproximação mais efetiva de grupos específicos, tornando a campanha mais direcionada e bem-sucedida.

Nas redes sociais, engajamento pode valer mais do que audiência. Existem grupos altamente atuantes nas redes, alguns com bandeiras mais conhecidas, como a defesa dos direitos da comunidade LGBTQIA+, as políticas antirracistas e de igualdade de gênero, até outros grupos mais recentes, como as mães de crianças com transtorno do espectro autista (TEA) ou os caçadores e colecionadores (CACs).

Associar-se a temas que geram engajamento garante ao candidato mais exposição e divulgação nesses grupos. A partir daí, surge a oportunidade de avançar nessa relação para a defesa de outras propostas que consolidem o compromisso do voto. Quanto mais específica for a pauta desses grupos, mais as redes sociais são necessárias. Afinal, tempo restrito e audiência diversa fazem com que o programa eleitoral e as inserções comerciais sejam mais abrangentes. Resta, portanto, a comunicação direta pelas redes.

Campanhas políticas sempre foram multidirecionais. É preciso ouvir as demandas de diversos setores da sociedade, construir discursos específicos de acordo com o posicionamento político de cada candidato e conviver com as críticas dos adversários, da imprensa e mesmo de alguns aliados.

As redes sociais potencializaram esse trabalho. Ao permitirem aos candidatos alcançar seus eleitores de uma forma mais direta e eficaz, elas intensificaram a comunicação bidirecional entre candidato e eleitores. Mas também incluíram, nesse diálogo, os piores ressentimentos, os instintos mais primitivos, as ofensas e as ameaças.

A equipe de moderação das redes sociais ajuda a filtrar os conteúdos nocivos e a bloquear os críticos destrutivos. No entanto, os candidatos e suas famílias têm de estar cada vez mais preparados para não se contaminarem com o ódio político. Os acertos de uma campanha continuam tão relativos quanto antes. Mas na era das redes sociais, os erros se tornaram mais duradouros e fatais para as aspirações eleitorais.

O prêmio do acerto será sempre muito menor do que o prejuízo do erro. Conquistar votos é uma longa escada para cima, um batente para subir a cada dia. Nas explosões de ira e cancelamentos das redes sociais, os votos descem de elevador, rápida e coletivamente. Por isso, tão fundamental quanto acertar, é não errar. É preciso ter cautela no uso adequado das redes sociais para evitar que a candidatura vire uma caricatura. O limite entre a publicação ou sacada que se desejava ser espetacular e, no final, vira ridículo, é tênue. A busca pela audiência não pode ser ancorada em informações falsas ou difamatórias, sob pena de levar a condenações que inviabilizam o próprio exercício do mandato.

Em resumo, as redes sociais se tornaram uma ferramenta indispensável em campanhas eleitorais. Elas permitem uma comunicação direta e efetiva com os eleitores, possibilitando uma campanha mais personalizada e adaptada às necessidades da população. Porém, é preciso manter sempre uma postura ética e responsável em seu uso. O que buscar na campanha pelas redes sociais?

1. **Identifique seu público-alvo:** para gerenciar efetivamente as redes sociais de uma campanha eleitoral, você precisa saber quem é o seu público-alvo. Quem são as pessoas que você deseja alcançar e quais são seus interesses e motivos;

2. **Defina sua mensagem:** antes de começar a postar nas redes sociais, é importante definir sua mensagem. O que você quer que os eleitores saibam sobre você e quais são as principais propostas da campanha;

3. **Distribua as mensagens de acordo com as plataformas:** nem todas as plataformas de mídia social são iguais. Cada uma tem sua própria audiência e estilo. Esteja em todas as plataformas, mas privilegie as que são ideais para o seu público-alvo e mais adequadas para o tipo de conteúdo que você deseja veicular;

4. **Crie conteúdo consistente:** para manter a consistência na mensagem da campanha, é importante criar um cronograma de postagens que abranja diferentes tipos de conteúdo, incluindo imagens, vídeos, notícias e artigos;

5. **Use *hashtags*:** crie *hashtags* relevantes para sua campanha para alcançar um público mais amplo. Os eleitores podem procurar por essas *hashtags* e descobrir suas postagens;

6. **Monitore as redes sociais:** monitore regularmente as interações nas redes sociais, incluindo curtidas, comentários e compartilhamentos. Isso ajudará você a entender como seu público está respondendo ao conteúdo que você está compartilhando;

7. **Mantenha diálogo:** responda às perguntas e comentários dos eleitores de forma rápida e profissional. Isso cria simpatia e personaliza a relação;

8. **Faça anúncios:** use publicidade paga nas redes sociais para alcançar um público mais amplo. Isso provavelmente vai incluir anúncios no Facebook, YouTube, Instagram e X (antigo Twitter);

9. **Legislação:** lembre-se de seguir as leis eleitorais em relação ao uso das redes sociais na campanha eleitoral;

10. **Analise os resultados**: analise regularmente como suas postagens estão performando nas redes sociais e ajuste sua estratégia, se necessário. O uso de ferramentas de análise de redes sociais é fundamental.

Assessoria de imprensa

Quando a capital do Brasil ainda era a cidade do Rio de Janeiro, o deputado Gustavo Capanema, que tinha gosto pelos aforismos, comentou com o deputado José Maria Alckmin: "O que importa não é o fato, é a versão". Poucos dias depois, Capanema leu uma entrevista em que Alckmin citava a frase e foi cobrar-lhe a autoria.

— Mas qual era a frase? — teria retrucado Alckmin.

— O que importa não é o fato, é a versão — reiterou Capanema.

— Pois é... — ironizou Alckmin, que já havia se apropriado da versão.

Para as campanhas eleitorais, esse aforismo teria de ser aperfeiçoado: o importante não é só a versão, o fato continua essencial.

Divulgar fatos e reforçar aspectos específicos e análises desses fatos é uma tarefa da assessoria de imprensa.

Ela ocupa um espaço fundamental numa campanha eleitoral: recebe e filtra demandas dos mais diversos veículos de imprensa e trabalha para conquistar espaço para o candidato nesses veículos. Ao lado da propaganda eleitoral, a exposição na chamada mídia espontânea reforça a divulgação do candidato.

Um assessor de imprensa experiente conhece os temas e abordagens com mais aderência em cada veículo e oferece sugestões de pautas pertinentes a cada jornalista. Mais do que isso: a estrutura da assessoria de imprensa numa campanha produz material para os veículos. Isso significa que ela terá um *videomaker*, um fotógrafo e jornalistas que também irão editar áudios a serem enviados a emissoras de rádio.

Nas campanhas majoritárias, existem dois momentos especialmente relevantes para a cobertura da imprensa. O primeiro se dá com as rodadas de entrevistas exclusivas e das chamadas sabatinas, quando os jornalistas de um veículo ou grupo de comunicação esquadrinham propostas e biografia dos candidatos. O segundo momento é a cobertura praticamente diária das agendas do candidato, geralmente deflagrada na mesma semana do início do horário eleitoral.

Aparecer em rede local, estadual ou nacional quase todos os dias exige um trabalho prévio de formulação de agendas e de sincronia com o desenvolvimento da campanha. Se o tema de maior interesse do eleitor é saúde ou emprego, por exemplo, é preciso trabalhar pautas que fortaleçam as propostas dessas áreas. O candidato também terá de resumir suas ideias a frases e fatos que conversem com os sentimentos do eleitor. E as propostas precisam caber no exíguo tempo de uma sonora para o telejornal do dia.

A assessoria de imprensa, portanto, é peça essencial. Ela tem um papel importante na construção da imagem do candidato e na transmissão das informações elaboradas pela equipe de comunicação. Ela define estratégias para aumentar a visibilidade do candidato nas mídias e auxilia na criação de uma agenda de eventos e entrevistas, que permitem ao candidato se expor positivamente e apresentar suas ideias.

Além disso, elabora *releases*, notas e comunicados à imprensa, faz o monitoramento da cobertura jornalística, prepara discursos para os eventos, responde às acusações de adversários e combate boatos e informações sujeitas à exploração política por parte dos adversários. Ela trabalha nos fatos e nas versões.

CAPÍTULO 5

Agenda é tudo

Sabe aquelas imagens clássicas de campanha? O candidato a prefeito visitando um barraco na periferia, o candidato a governador apreciando uma comida típica ou o candidato a presidente usando um chapéu de vaqueiro?

Pois é. Antes de você entrar para a galeria desses clássicos, pelas lentes dos fotógrafos, existe um setor da campanha responsável por isso: a agenda.

A organização da agenda é mais uma das muitas funções vitais de uma campanha. E mais uma incumbência para o candidato, que precisa indicar um coordenador da sua confiança. Ele será responsável pelo planejamento, coordenação e implementação de todos os eventos. E, em grande parte, irá responder por algumas das dificuldades da campanha. Uma agenda confusa, desorganizada, esvaziada, imprevisível ou errática traduz campanhas igualmente confusas, esvaziadas ou imprevisíveis. E o seu contrário é igualmente verdadeiro.

O melhor coordenador de agenda é aquele que passa despercebido, com pouca visibilidade interna e externa. Quase sempre, se ele aparecer, é sinal de que existe um problema.

"Quem colocou isso na agenda?", é a primeira pergunta do candidato diante de eventos com pouco público ou, pior ainda, depois de enfrentar um público hostil. Quando o candidato é aplaudido, é mérito do seu discurso e da sua simpatia. Quando ele é vaiado, é porque a agenda errou no evento.

Uma campanha vencedora, portanto, precisa de uma agenda organizada, previsível, capaz de atender às diversas forças que giram em torno de uma candidatura. Uma agenda que desperta aplausos terá um coordenador que sabe pesar as demandas, gerar benefícios eleitorais ao candidato e descartar as pressões e intromissões que prejudicam seu trabalho.

A construção de uma boa agenda de campanha envolve uma série de etapas, como a definição de objetivos e metas de curto, médio e longo prazos, a definição de estratégias para atingi-los, a seleção de temas e problemas prioritários a serem abordados pela candidatura, e a organização de atividades de campanha, como eventos, debates, reuniões e entrevistas. O candidato deve ir a uma feira agropecuária ou falar para empresários do setor de tecnologia? Deve viajar para um encontro político ou ficar na base e se preparar para o debate na televisão?

Quanto maior é a perspectiva de vitória, maiores são as demandas de grupos interessados em ter contato com o provável eleito. Quanto mais próxima a data da eleição, mais eventos surgem nas agendas dos candidatos competitivos.

Se você está chegando lá, fica uma dica essencial: preparar-se para o último debate da campanha e reservar tempo para gravar as peças finais da propaganda eleitoral são as agendas mais importantes da reta de chegada. Debate e propaganda atingem muito mais pessoas e repercutem muito mais do que outras demandas igualmente importantes, como os comícios, carreatas e caminhadas finais.

A campanha de rua renova sua energia, fará você se sentir quase eleito. Mas quem vai a comícios, carreatas e caminhadas é a militância que você já deveria ter conquistado no início da campanha. E uma agenda intensa nessa hora vai apresentar, na propaganda e no debate, um candidato fisicamente cansado, sem a empolgação e o brilho que o eleitor quer dos vitoriosos.

O improviso é o maior inimigo da boa agenda. Se alguém está afoito para envolver você em um evento sem antes passar pelo crivo da sua equipe, é provável que esteja buscando promover uma agenda que beneficie a si mesmo ou ao seu grupo, não a você e nem aos seus eleitore

O responsável pela agenda precisa ter sensibilidade para identificar quais são os compromissos relevantes para o candidato e quais deve recusar. Isso demanda sangue-frio e habilidade em dizer não. Até porque é mais comum dizer "não" do que "sim". O Senhor Agenda perfeito é quem sabe dizer não, sem perder votos, nem arrumar inimigos.

Para quem oferece a oportunidade de uma agenda, o seu tema é o mais importante do mundo. Mas, para o candidato que tem vários pedidos de agenda, sempre existem compromissos menos relevantes ou inadequados para sua proposta.

O coordenador da agenda é o grande filtro; sua sensibilidade fará a triagem criteriosa dos convites recebidos para priorizar os que são relevantes e estratégicos.

Ao longo da campanha, a agenda de um candidato deve refletir suas prioridades, valores e compromissos com a sociedade e ser adaptável às mudanças e desafios que surgem a todo instante. Ela precisa estar sempre atualizada, acessível a todas as equipes da campanha e deve ser cumprida de forma rigorosa.

Mas, então, por onde começar a agenda de campanha?

A agenda põe em prática as estratégias das pesquisas, do *marketing* e da política. Comece pela militância. É com ela que você vai organizar seu discurso, construir sua narrativa e garantir uma largada forte. Avance depois para os grupos sociais com maior inclinação ao seu projeto. Visite os lugares onde já é conhecido e frequente os eventos de quem gosta de você. A agenda transforma em realidade aquilo que o núcleo estratégico da campanha planejou ainda na pré-campanha.

No meio da jornada, depois que você tiver se apresentado em debates, entrevistas e na propaganda eleitoral, chegarão os convites de quem deseja conhecer você pessoalmente. Encontros em universidades, associações, sindicatos e entidades religiosas vão ampliar sua capacidade de conquistar votos entre eleitores que, pelo menos, não rejeitam suas propostas. E, por fim, tente capturar os últimos indecisos. Em muitas disputas, o voto tem sido definido cada vez mais tarde. Por isso, a mobilização, os debates e a propaganda da última semana são tão importantes.

Seguem alguns pontos a considerar na formulação das agendas:

- **Planejamento da agenda de eventos e de atividades:** tenha em mente a disponibilidade e acessibilidade das pessoas. Escolha locais e horários que favoreçam a presença de um público significativo e engajado. Numa universidade com cursos noturnos, marque o encontro para uma segunda ou terça-feira e nunca na sexta, quando o cansaço da semana é mais evidente. Em cultos evangélicos, por exemplo, dê preferência para o fim de semana.

- **Definição de objetivos e metas para a agenda de campanha:** coloque num documento os objetivos de curto, médio e longo prazos da campanha e, a partir disso, estabeleça metas semanais para a agenda. Assim, fica mais fácil conferir o que falta fazer, em quais lugares o candidato precisa ir e ainda não foi, ou com quais grupos sociais falta marcar encontros.

- **Identificação do público-alvo e dos canais de comunicação:** é fundamental saber quais veículos irão amplificar o evento do candidato. Para quem se está falando? Qual o tipo de público e em quais canais de comunicação a mensagem alcançará maior êxito? Alinhe sempre a agenda com a Comunicação e reserve tempo para atendimento da imprensa no local.

- **Planejamento da agenda de eventos e atividades:** essa etapa envolve decidir quais serão as atividades e eventos realizados ao longo da campanha, tais como comícios, reuniões com lideranças locais, panfletagens, palestras e caminhadas, entre outros. É importante planejar a logística, as parcerias e os custos envolvidos em cada atividade. Mesmo nas cidades menores, é preciso sempre prever o tempo de deslocamento entre um evento e outro. Quem está correndo atrás de votos é você. Então, não deixe as pessoas esperando por uma hora, ou até mais, por causa da desorganização da sua agenda.

- **Elaboração de roteiros para discursos e apresentações:** os discursos e apresentações são peças-chave da campanha e devem ser pensados para transmitir a mensagem de forma clara e objetiva. É preciso ter roteiros preparados para cada evento. Sua equipe de conteúdo sempre irá entregar uma sugestão. Por maior que seja o repertório de um candidato, por mais experiente que ele seja, existe sempre o risco de falar o que não se deve, quando se sai de um café da manhã com influenciadores digitais, para um culto numa igreja, seguido de uma palestra para estudantes e um almoço com empresários da indústria, por exemplo. Por isso, ter no bolso uma sugestão de discurso é sempre um porto seguro para encarar — e agradar — as plateias de temas tão variados.

- **Gerenciamento de crises e imprevistos na agenda de campanha:** imprevistos podem acontecer, então é importante ter um "plano B" para lidar com situações inusitadas. Isso pode envolver mudanças na agenda, contato com a imprensa, manifestações hostis ou uma emergência familiar ou de saúde. Por isso, é importante estar preparado para lidar com essas situações de forma rápida e eficiente, a fim de minimizar os impactos negativos.

- **Avaliação e ajustes da agenda ao longo da campanha:** a agenda deve ser constantemente avaliada e ajustada de acordo com os resultados obtidos. É importante monitorar a resposta do público, fazer ajustes na mensagem e adicionar novas atividades ou eventos quando necessário. A melhor referência nesse caso é a agenda dos concorrentes. Eles estão aparecendo mais e falando para mais pessoas do que você? Ou é você que está pautando a campanha e propondo os temas e eventos que as pessoas discutem em casa, no trabalho ou no bar?

- **Faça a distinção entre adiar e recusar eventos:** um coordenador desavisado pode ficar contrariado em dizer "não", adiando muitos pedidos e mantendo a expectativa de grupos sociais de que serão atendidos mais à frente, com a presença do candidato. Mas a campanha é um funil. Os espaços de agenda diminuem, não aumentam. Ao final, haverá uma grande quantidade de eventos que foram sendo adiados e que terão de ser recusados. Muitas pessoas receberão, de uma só vez, negativas do candidato, o que gera antipatia e mostra desorganização. Um "não vai ser possível", dito de forma educada, ao longo da campanha, é melhor que a sucessão de "vai ser impossível" ao final dela.

A agenda é o retrato diário da campanha. Por isso, precisa estar alinhada com os apoiadores externos e com a imprensa, e deve receber antecipadamente os horários e locais de eventos com o candidato. Mas ela precisa também dialogar com as outras áreas da campanha. O evento político da semana seguinte será tanto melhor se o líder local puder mobilizar antecipadamente as pessoas e se o pessoal da logística souber para onde levar e para quem entregar materiais de promoção, como cartazes, faixas e adesivos. Uma boa agenda, portanto, produz conteúdo e votos.

Identificação de lideranças locais

A identificação de lideranças locais é crucial para a mobilização efetiva de eleitores. Essas lideranças são pessoas que possuem algum tipo de influência dentro de sua comunidade, seja por meio de atividades sociais, profissionais ou políticas.

Para identificar essas lideranças, é preciso realizar um trabalho de pesquisa e observação. É importante estar atento a quem são as pessoas mais ativas em sua comunidade, quem tem grupos de seguidores, quem realiza atividades sociais e quem possui algum tipo de liderança natural, entre outros aspectos.

Além disso, é importante dialogar com essas lideranças e entender quais são suas preocupações e demandas, a fim de buscar convergências quanto aos objetivos da mobilização eleitoral. Essa parceria e trabalho em conjunto podem trazer grandes resultados, pois as lideranças locais podem ajudar a mobilizar sua rede de contatos e influenciar pessoas a participarem do processo eleitoral.

Vale lembrar que a identificação de lideranças locais pode ser feita em qualquer tipo de comunidade. O importante é estar atento às particularidades e contextos locais, a fim de encontrar as pessoas mais adequadas para atuar como porta-vozes do projeto de mobilização de eleitores.

Mobilização eleitoral

Quando você faz compras, pode pegar o primeiro produto que vê na prateleira. Também pode examinar mais de um produto, conferir as informações na embalagem do concorrente e, em seguida, fazer a escolha. Mas se você tiver ótimas referências de amigos que conhecem e já testaram aquele produto, sua escolha será bem mais simples. Confia no amigo e leva pra casa.

Uma campanha eleitoral é a prateleira da política. Cabe a você escolher: vai levar o primeiro nome que aparecer, vai comparar os candidatos ou vai seguir a indicação de um amigo? A imagem, o *slogan*, a comunicação visual e a forma de se apresentar vão impactar um tipo de eleitor. Mas esse é um voto volátil. Ao longo dos meses, pode mudar de lado. Tem o eleitor que quer comparar: acompanha debates, entrevistas, propostas e a propaganda eleitoral. Mas e o amigo que vai fazer a indicação do seu nome para quem pede uma sugestão de voto? Chegou a hora de cuidar da mobilização eleitoral.

É possível fazer uma ampla mobilização usando dois elementos: as falas identitárias e as redes sociais. No exercício da Presidência, Jair Bolsonaro desenvolveu uma ideia simples e segura para fazer do mandato uma campanha diária, mobilizando grupos fiéis e provocando adversários: o cercadinho na frente do Palácio da Alvorada.

Candidatos a deputados formados na escola digital da política têm igualmente o seu quinhão de votos e exercem várias vezes na semana essa mobilização, com o engajamento de seguidores. O deputado federal mais votado do Brasil em 2022 foi Nikolas Ferreira (PL-MG), que recebeu 1.492.047 votos. Ele entrou na política em 2020 e foi eleito vereador em Belo Horizonte com menos de 30 mil votos. Dois anos depois, com apenas 26 anos, teve quase três vezes mais votos do que o antigo recordista por Minas Gerais, o ex-prefeito de Belo Horizonte, Patrus Ananias, que recebeu pouco mais de 520 mil votos em 2002, 20 anos antes.

Nikolas Ferreira é exemplo de que a mobilização digital rende votos. Ele tinha quase 2 milhões de seguidores no Twitter (atual X), 6,1 milhões no Instagram e 3,5 milhões no TikTok, quando seus perfis nas plataformas sociais foram suspensos pela Justiça por propagar *fake news*.

Conhecimento e engajamento se convertem em votos, ainda que todos os políticos digitais também precisem de algum grande evento de rua para traduzir essa liderança em imagens. Era esse o objetivo, por exemplo, das motociatas de Jair Bolsonaro.

Por isso, nos três meses da campanha, em que o voto obrigatório determina que a grande massa terá de definir um número para teclar na urna eletrônica, essa militância realmente conta. Porque, além dos campos azul ou vermelho, da opção pela oposição ou pela situação, existem milhares de candidatos em busca de um voto, e também de alguém que recomende seu número aos amigos. E, do outro lado, existem milhões de eleitores indecisos esperando a dica de alguém ou o contato pessoal com um candidato que lhe agrade.

A mobilização eleitoral atua em parceria com a agenda. Ela identifica e contata as lideranças políticas e da sociedade que estão próximas do eleitor e estão dispostas a falar sobre o candidato e suas propostas. Uma forte mobilização de lideranças é fundamental para disseminar as ideias do candidato até entre os eleitores mais distantes da política e das redes sociais.

Um bom mapa de líderes permite ao comitê de campanha calcular, por exemplo, a quantidade de votos que o candidato poderá ter em determinada região ou cidade. A urna eletrônica sepultou de vez a política dos coronéis, que promoviam o voto de cabresto, levando eleitores a votar em candidatos impostos pelos líderes locais. Aqui se está falando de uma teia muito mais ampla e mais complexa de líderes, que vão da associação de bairro às redes do Rotary ou Lyons Club, dos influenciadores digitais de cada comunidade às celebridades locais. E também da grande massa de pessoas envolvidas com a política e com a administração pública, que possuem interesses diretos em um ou outro candidato.

Conquistar e mobilizar essas pessoas significa colocar sua candidatura no lugar nobre da prateleira da política, aquele ponto estratégico que fica na altura dos olhos e ao alcance da mão. Na mobilização, além dessas lideranças, as equipes de rua ou equipes de divulgação também são de extrema importância. Elas devem ser capazes de se comunicar com pessoas em eventos, panfletagens de rua ou em reuniões.

Existe também a equipe de voluntários, formada por amigos, familiares e membros da comunidade. Os voluntários podem auxiliar, por exemplo, na divulgação da campanha em redes sociais, o que gera grande engajamento com custo zero. A mobilização ajuda a identificar as principais demandas e necessidades da população, orientando a elaboração de propostas e de estratégias mais eficazes.

Mas, se a mobilização é tão fundamental, por que não é feita com antecedência? Porque a legislação eleitoral impõe uma série de obstáculos e regras. Candidatos só podem divulgar seu número após a convenção partidária e o registro da chapa. A lei também limita os prazos para distribuição de materiais de campanha. Ela exige, por exemplo, que o material impresso tenha o CNPJ da campanha, o que só pode ser feito após a convenção partidária e o registro da candidatura. Da mesma forma, limita a esse período o uso de recursos do Fundo Eleitoral, além de restringir o período de propaganda eleitoral.

A mobilização faz o corpo a corpo da campanha, pede e indica o voto. E a campanha antecipada, quando o candidato pede voto ao eleitor antes do prazo legal, é punida com a cassação da candidatura. Para uma mobilização estratégica, é importante identificar eleitores potenciais, mapeando regiões, bairros e segmentos sociais com maior afinidade ao candidato e suas propostas. A partir daí, é possível desenvolver a melhor estratégia de mobilização, que pode incluir visitas a lideranças comunitárias, reuniões em bairros, carreatas, panfletagens, jantares de arrecadação e mobilização, entre outras iniciativas.

O bom êxito da campanha de mobilização exige planejamento, com objetivos claros, metas definidas, cronograma de atividades e monitoramento dos resultados, estabelecendo empatia e parcerias com lideranças e organizações que compartilhem dos mesmos objetivos.

Então, como preparar a campanha para essa tarefa?

Informação é poder, e o primeiro passo é saber quem pode ser mobilizado. Mapear lideranças, incorporar nomes e sugestões de grupos. Depois é preciso capacitar as pessoas. Uns atuarão nas redes sociais, compondo a vasta teia de colaboradores virtuais de uma campanha. Outros farão o trabalho de formiguinha, distribuindo adesivos e colando cartazes para que o nome e o número do candidato estejam amplamente presentes. E todos podem se envolver nos eventos presenciais: as reuniões, palestras, seminários, debates, almoços, jantares, caminhadas, carreatas e comícios com o candidato.

Pense, então, num trabalho que leve em conta essas duas etapas:

1. Mobilização e capacitação de voluntários de campanha

Militância na rua gera campanhas dinâmicas, aguerridas e emocionais. Dá energia e desejo de vitória ao candidato. Por isso, a identificação de voluntários para a mobilização é uma atividade vital para a campanha eleitoral ser bem-sucedida. Esses voluntários são pessoas que se dispõem a trabalhar gratuitamente na campanha, dedicando seu tempo e esforço para ajudar a eleger seus candidatos. Tenha um coordenador de campanha em cada região geográfica e setor social. Eles irão começar esse trabalho convencendo amigos, familiares, conhecidos e outros apoiadores.

Também é importante entender a motivação dos voluntários. Muitos deles querem participar de uma campanha eleitoral porque acreditam no partido, no candidato e na causa que ele representa. Outros se envolvem na campanha por paixão pela política ou porque possuem uma relação de trabalho, um cargo ou benefício que não desejam perder. Portanto, eles darão sua contribuição voluntária nos fins de semana ou em horas de folga. Se o candidato tem trabalho realizado na região ou no setor, haverá os que se mobilizarão por gratidão a algo realizado para sua comunidade.

Com a lista de voluntários em mãos, monte equipes e as oriente a desempenhar funções específicas. Eles precisam entender como a campanha está sendo conduzida e qual é o objetivo da mobilização de eleitores. Vídeos de mobilização gravados pelo próprio candidato são uma solução fácil e barata de promover esse entendimento. Folhetos com os pontos essenciais unificam o discurso da campanha e preparam os voluntários para convencer e engajar mais eleitores.

Além disso, é importante fornecer aos voluntários as ferramentas necessárias, como folhetos, adesivos e outros materiais de campanha. O passo seguinte é promover algum evento presencial com o candidato, no qual os grupos de voluntários possam mostrar na prática seu engajamento.

2. Organização de eventos de campanha

Evite eventos improvisados. Parece óbvio, mas no dinamismo da corrida eleitoral, o candidato acaba sendo levado para onde não deveria ir. O coordenador de eventos precisa planejar e justificar seus eventos — e alinhar sempre a agenda com o núcleo político e a comunicação.

Tenha em mente que, ao término da campanha, cada evento é como uma peça que, encaixada com as outras, resulta no grande quadro da candidatura. Os principais setores foram atendidos? Manteve encontros com jovens e aposentados, líderes comunitários e religiosos, empresários e trabalhadores? Regiões, cidades e bairros mais importantes foram visitados?

É natural que os eventos mudem ao longo da campanha. No início, haverá as reuniões de apresentação da candidatura, bem como os encontros com a militância mais fiel para unificar as palavras de ordem ou arrecadar fundos. Depois, ocorrerão as reuniões segmentadas. E, por fim, os eventos de grande público, sejam plenárias, comícios ou carreatas.

Para cada um desses eventos, será preciso organizar a logística, como reservar os espaços, ter acomodação adequada para receber as pessoas e, eventualmente, obter as licenças e autorizações dos órgãos públicos. Tenha em mãos uma lista de recursos a ser sempre conferida. Será necessário ter equipamentos de som? Iluminação especial? Colocação de *banners* e cartazes? Telão para passar vídeos ou apresentar algum Power-Point? Sala *vip*? Eventualmente, será preciso contratar *buffet*, primeiros socorros ou segurança?

Para aumentar o engajamento dos eleitores, é importante que a equipe da campanha esteja presente e pronta para interagir e esclarecer dúvidas. A divulgação da reunião ou evento também é crucial. É possível, por exemplo, impulsionar vídeos do candidato convidando os eleitores para os grandes eventos. Em muitas cidades, no caso das disputas de vereadores e prefeitos, os carros de som continuam a ser um ótimo canal de divulgação das candidaturas e eventos.

Em resumo, a organização de eventos e reuniões é essencial para a mobilização de eleitores e para alcançar os objetivos de uma campanha. É necessário planejar de forma estratégica, utilizar recursos adequados e ter uma equipe engajada e presente para interagir com os eleitores.

CAPÍTULO 6

Quanto custa e como financiar a campanha?

Em qualquer democracia que se preze, é proibido comprar votos. Mas no supermercado da escolha política, a manifestação do eleitor custa caro. E, desde a implantação do sistema de financiamento público das campanhas eleitorais, ela sai quase integralmente do bolso dos contribuintes. Então, quanto custa uma campanha e como você deve se organizar para obter esses recursos? A resposta está nos partidos políticos.

O Brasil tem quase 160 milhões de eleitores e 29 partidos políticos legalmente registrados, os quais se mantêm, principalmente, graças ao Fundo Especial de Assistência Financeira aos Partidos Políticos, o popular Fundo Partidário. Em 2022, havia 22 partidos com representação no Congresso. Eles tiveram uma dotação de mais de um bilhão de reais — R$ 1.029.948.975,00 para ser preciso — no Fundo Partidário, com o qual pagam funcionários, contratam serviços e financiam atividades. Ou seja, a manutenção das máquinas partidárias custa, a cada eleitor do Brasil, cerca de 7 reais todos os anos.

A esse volume de mais de 1 bilhão de reais, se somam quase 5 bilhões de reais — R$ 4.961.519.777,00, para sermos exatos — do Fundo Especial de Financiamento de Campanha (FEFC), o Fundo Eleitoral. Em 2022, ele financiou 28.487 candidatos e candidatas que, na prestação de contas ao TSE, declararam ter recebido um pouco menos do valor orçado: R$ 4.638.763.436,15. O financiamento das campanhas, portanto, custa outros 31 reais a cada eleitor, de dois em dois anos.

Some-se a isso toda a estrutura da Justiça Eleitoral (R$ 11,8 bilhões, na proposta orçamentária de 2024), as isenções concedidas às emissoras de rádio e televisão e, agora, os subsídios aos transportes coletivos nos dias de votação. A conclusão é de que o voto gratuito custa, a cada eleitor, mais de R$ 100, em anos eleitorais. Mas, se você for candidato, deixará a coluna de receitas e passará para a coluna de despesas eleitorais.

O Fundo Eleitoral tem um teto de acordo com o cargo, a cidade ou o estado do candidato. Se fosse apenas uma média aritmética, cada candidato teria recebido R$ 162.837,90 em 2022. Mas uma campanha majoritária em qualquer estado do Brasil custa muito mais. É por isso que os tetos variam de acordo com o cargo em disputa. Para presidente, foi de quase R$ 90 milhões no primeiro turno. E outros R$ 45 milhões para o segundo turno. Os nomes principais para a Câmara dos Deputados obtiveram o teto de R$ 3.176.572,53. Se quiser saber qual era o limite máximo para cada cargo, por estado, consulte os valores oficiais aqui: https://bit.ly/3SVfrtH. Em 2020, o limite de gastos para uma campanha de vereador variou de R$ 12.307,75, nos menores municípios, até

R$ 3.675.197,12, em São Paulo. A tabela completa pode ser acessada aqui: https://bit.ly/3TbjyU2.

A regra geral é simples: quanto mais deputados federais forem eleitos, mais recursos o partido receberá do Fundo Partidário e do Fundo Eleitoral. E quanto mais recursos ele tiver, maiores as chances de seus candidatos receberem o teto do financiamento público eleitoral. Essa talvez seja a mais importante decisão a ser tomada quando você for assinar uma ficha de filiação partidária para disputar a eleição: garantir que o partido irá repassar o teto, independentemente do tamanho da legenda.

Além da cota partidária no Fundo Eleitoral, o candidato pode financiar sua campanha com recursos próprios, com doações de pessoas físicas e com arrecadação coletiva — a famosa vaquinha, ou *crowdfunding* — que dispõe de plataformas que simplificam a arrecadação e a contabilidade dessas microdoações.

Sem recursos, sua campanha não terá a visibilidade necessária. Mas dinheiro resolve uma parte importante da campanha, não resolve tudo. É fundamental, mas nunca foi garantia de vitória eleitoral. Dos 10 candidatos que mais usaram recursos próprios em 2022, apenas um se elegeu: Eduardo Riedel, governador de Mato Grosso do Sul, do PSDB. Ele colocou R$ 907.263,12 do próprio bolso, o terceiro maior valor individual.

Os dois candidatos que mais investiram recursos próprios não se elegeram. Gustavo Mendanha, do Patriotas, declarou ter investido R$ 1.030.000,00 em recursos próprios. Fez 879.031 votos, 25,20% dos votos válidos para o governo de Goiás. Ficou em segundo lugar. Pablo Marçal (PROS-SP) colocou R$ 968.572,25 do próprio bolso. Recebeu 243.037 votos para deputado federal, o que lhe garantiria um assento na Câmara. Mas sua candidatura foi indeferida porque a comissão provisória do PROS teve todos os atos anulados pela Justiça. E foi essa mesma comissão que oficializou a candidatura de Marçal. Ele concorreu *sub judice*, mas, ao final, seus votos foram considerados nulos. Depois da eleição, o PROS deixou de existir. Foi incorporado ao Solidariedade, que, com isso, conseguiu cumprir as regras para ter acesso ao Fundo Partidário.

Agora que está claro como obter a receita, é preciso pensar nas despesas. Afinal, como os candidatos priorizam seus gastos? Sem propaganda, o alcance da sua campanha estará restrito ao engajamento orgânico das redes sociais e aos contatos com amigos e familiares. Em 2022, houve um investimento maciço nas redes sociais. As maiores despesas das campanhas, pagas com recursos do Fundo Eleitoral, foram com o impulsionamento de *posts* e propaganda nas redes. Entre os maiores fornecedores das campanhas, o Facebook recebeu investimentos de R$ 125,3 milhões, e o Google, de R$ 124,7 milhões, especialmente com comerciais rápidos no YouTube.

Quatro anos antes, o Google havia recebido menos de R$ 7 milhões, 17 vezes menos, portanto, e o Facebook menos de R$ 23 milhões, cerca de 20% do que recebeu em 2022. Esse crescimento comprova a grande virada que houve na comunicação a partir de 2018. Daqui para frente, para chegar mais perto do eleitor, é preciso investir no digital e alcançar uma forte presença nas redes sociais.

O *ranking* dos fornecedores eleitorais, as empresas em que os candidatos investem, segue com as empresas de *marketing* e comunicação. Apesar da grande gama de serviços que elas oferecem, de pesquisas à produção de conteúdo, com equipes grandes e qualificadas, elas se encontram bem atrás das plataformas — onde se concentram os gastos de divulgação desse conteúdo que as empresas de *marketing* produzem.

Como, então, você pode organizar o departamento financeiro da sua campanha? Um financeiro consolidado permite que a campanha tenha recursos para investir em estratégias de *marketing* e publicidade, como anúncios em mídias tradicionais e digitais, eventos de arrecadação de fundos e atividades de porta a porta, para promover o candidato e suas ideias entre os eleitores.

Além disso, também oferece flexibilidade para viradas estratégicas no decorrer da campanha, permitindo que sejam ajustadas as atividades de acordo com a pesquisa de opinião pública ou as necessidades do eleitorado. Dinheiro não é tudo, mas permite à campanha se adaptar e responder rapidamente aos desafios.

Sete pontos são fundamentais para a correta organização financeira da campanha.

1. Elaboração do orçamento

O primeiro passo na elaboração do orçamento é a definição dos recursos disponíveis. Esses recursos podem vir de diferentes fontes, como doações de pessoas físicas, recursos do Fundo Eleitoral ou através de *crowdfunding*.

Em seguida, é necessário definir os gastos essenciais da campanha. Os principais gastos incluem o deslocamento do candidato e equipe (aluguel de carros, aviões e helicópteros e estadas), aluguel de espaços para eventos, produção de material de campanha (santinhos, panfletos, adesivos, *banners* etc.), logística de distribuição, contratação de funcionários (limpeza e segurança do comitê, por exemplo), serviços jurídicos, equipe de *marketing*, redes sociais e comunicação, instituto de pesquisa e investimentos em propaganda nas plataformas de internet.

É importante que o orçamento seja realista para evitar gastos desnecessários e garantir que os recursos sejam utilizados de forma eficiente e transparente. Lembre-se: o Fundo Eleitoral é oriundo de recursos públicos, e todas as despesas precisam ser contabilizadas.

A definição das prioridades e estratégias da campanha garante o direcionamento do orçamento para as ações que mais impactarão o resultado. Mas, como toda campanha é dinâmica, isso obriga o financeiro a acompanhar permanentemente as despesas, porque as prioridades mudam. O montante previsto precisa ser respeitado, porque haverá a prestação de contas e também porque nenhum candidato precisa de manchetes negativas sobre eventual calote em fornecedor. Além disso, os gastos têm de respeitar a legislação eleitoral.

2. Arrecadação de recursos financeiros

No Brasil, as doações de empresas foram proibidas em 2015, sendo permitida apenas a doação de pessoas físicas e o uso de recursos dos Fundos Partidário e Eleitoral.

Além das doações, os candidatos também podem agregar recursos a partir de campanhas de financiamento coletivo, conhecidas como *crowdfunding*, nossa consagrada vaquinha. Essa modalidade tornou-se popular nas eleições de 2022, permitindo que candidatos que não dispõem de grandes recursos financeiros consigam angariar dinheiro para suas campanhas com microdoações de eleitores que apostam na sua causa. Existem plataformas na internet e aplicativos que facilitam esse trabalho. Por menores que sejam os valores dessas contribuições, será preciso prestar contas à Justiça.

Outra forma de agregação de recursos é por meio de eventos e jantares de arrecadação de fundos, onde os candidatos convidam apoiadores e doadores para uma reunião, geralmente com um valor de ingresso ou contribuição mínima para participar.

A Lei das Eleições (Lei n.º 9.504/1997) estabelece limites para a doação de pessoas físicas e define que cada candidato pode receber até 10% do rendimento bruto do ano anterior de cada doador. Como já mostramos, a lei define ainda o teto de gastos para campanhas eleitorais, que varia de acordo com o cargo disputado.

3. Controle de despesas

O controle de gastos deve ser acompanhado detalhadamente para evitar desperdícios e garantir que as despesas estejam de acordo com o orçamento disponível. Leve em consideração esses seis pontos ao organizar o controle de despesas:

1. **Defina um orçamento realista**: antes de começar a campanha, é importante estabelecer um orçamento para evitar gastos excessivos. Considere a quantidade

de recursos que você terá disponível e o que precisa ser feito para atingir seus objetivos;

2. **Crie uma planilha de gastos:** crie uma planilha na qual serão registradas todas as despesas realizadas durante a campanha. Isso permite um controle mais eficaz e uma visão ampla de todos os custos;

3. **Priorize as ações mais importantes:** defina as atividades que terão mais impacto na conquista de votos e concentre seus recursos nessas áreas;

4. **Busque parcerias e apoios:** é possível economizar recursos ao buscar parcerias e apoios, seja por meio de doações ou trabalho voluntário;

5. **Faça revisões periódicas das despesas:** ajuste o orçamento sempre que necessário. Correções frequentes evitam que os gastos saiam de controle;

6. **Estabeleça critérios claros para a aprovação de despesas:** crie uma hierarquia interna de aprovações para gastos de maior valor.

Por fim, é fundamental manter uma rotina de análise e revisão das despesas, a fim de identificar eventuais oportunidades de economia ou de mudanças nos processos que possam reduzir os custos. Isso também ajuda a manter um histórico dos gastos realizados ao longo do tempo, possibilitando uma análise mais precisa da evolução das finanças e das possíveis melhorias que podem ser realizadas.

4. Contabilidade

As leis eleitorais determinam que as campanhas realizem o registro de suas movimentações financeiras e apresentem relatórios periódicos de receitas e despesas. Esse processo é fundamental para evitar irregularidades e punições, como multas, impugnações de candidaturas e cassações de mandatos. Uma contabilidade bem organizada permite a gestão mais eficiente dos recursos da campanha e facilita investimentos em propaganda, eventos e mobilização de eleitores.

Uma boa contabilidade demonstra a presença de gestores eficientes no time do candidato e seu compromisso com transparência e ética. Os eleitores esperam candidatos que cuidem de recursos públicos de maneira clara e honesta, sem desvio de repasses ou omissões de fontes de financiamento. Manter a contabilidade sólida contribui para a imagem do candidato e do partido, que pode consolidar uma reputação de responsabilidade e seriedade mesmo após o fim da campanha eleitoral. Afinal, a aprovação de contas não deixa de ser um atestado da Justiça Eleitoral à boa gestão dos recursos da campanha.

5. Controle de estoque

Uma área de controle de estoque e saída de material ajuda a garantir que você tenha sempre disponível a quantidade certa de materiais de campanha, sem excessos, carências ou desperdícios. O controle de estoque é uma forma prática de controlar uma parcela importante dos custos da campanha.

O time de administração e finanças precisa acompanhar os envios das peças físicas da campanha (*banners*, cartazes, *folders*, santinhos etc.) para garantir que sejam bem distribuídas e usadas. O monitoramento, naturalmente, agiliza as correções necessárias. Sem uma área de controle de estoque e saída de material, você pode acabar gastando muito mais dinheiro em materiais de campanha do que precisa ou distribuindo-os de forma desorganizada e ineficaz.

Além disso, o material gráfico produzido não serve para mais nada ao fim da eleição. Candidatos que despejam material em excesso nas horas finais da campanha acabam por emporcalhar a rua — e o eleitor sabe que ele está, literalmente, jogando recursos públicos na sarjeta.

6. Negociação com fornecedores

Uma área responsável por organização e negociação com fornecedores é essencial para segurar custos e organizar as entregas. Vale aqui a mesma regra de qualquer compra: compare orçamentos, qualidade e prazos de entrega. E use a tomada de preços com mais de um fornecedor a favor da campanha.

Ao contrário das compras governamentais, em que a lei privilegia a contratação pelo menor preço, os prazos de entrega são um elemento fundamental nas negociações da campanha. A corrida eleitoral não espera fornecedores — todos os dias, alguém está pedindo e conquistando votos. Ficar parado à espera do fornecedor do material de campanha é atrasar a divulgação do seu nome e deixar o campo livre para o adversário. Perder prazos é perder votos.

Uma campanha bem organizada pactua antecipadamente alguns investimentos para ganhar nas três pontas: a do preço, a do prazo e a da qualidade do material. De nada adianta conseguir uma impressão com ótimo preço e no prazo certo, se o cartaz do candidato ficar fora de registro, com a imagem tremida ou com cores lavadas.

Se você é responsável pela compra de material gráfico, saiba que o seu candidato será o primeiro a desaprovar o trabalho ao ver a própria fotografia mal impressa. Nesse caso, trocar qualidade por economia pode lhe custar a função na campanha. Uma imagem ruim não serve para nada, não ganha votos, por mais barato que tenha custado.

Portanto, o papel dessa área, organizando e negociando com fornecedores, oferece considerável possibilidade da aquisição de materiais e serviços necessários com qualidade e preço adequado, garantindo que a campanha tenha sucesso e se torne mais econômica, sem perder na entrega de materiais.

7. Preparação de prestações de contas para a Justiça Eleitoral

A prestação de contas é um dos aspectos mais importantes da gestão de uma campanha eleitoral. Todos os partidos, coligações e candidatos são obrigados a prestar contas à Justiça Eleitoral sobre os recursos financeiros que receberam e como os utilizaram durante a campanha.

A Constituição Federal de 1988 estabeleceu que a Justiça Eleitoral é responsável por fiscalizar as contas de todos os candidatos que concorrem a cargos eletivos no Brasil. Esse processo inclui a análise e apuração das contas, bem como a aplicação de sanções em caso de irregularidades.

Campanhas eleitorais envolvem muitos gastos em áreas muito diversas, como propaganda eleitoral, contratação de equipes, aluguel de veículos e espaços, aquisição de materiais e equipamentos, entre outros. É essencial que todas as despesas sejam documentadas, com notas fiscais e contratos, além da efetiva comprovação dos serviços realizados.

O sistema de verificação de contas da Justiça Eleitoral é bastante rigoroso. Os partidos e candidatos devem apresentar relatórios financeiros periodicamente, que são analisados pelos órgãos competentes. Sendo assim, qualquer irregularidade detectada pode levar à reprovação das contas e, em alguns casos, até mesmo à cassação do registro de candidatura ou da diplomação. Isso significa que uma prestação de contas reprovada pode cassar o mandato, mesmo depois da posse do eleito. Além disso, a prestação de contas também é um mecanismo de fiscalização pela população. Qualquer pessoa pode consultar os dados e, caso encontre alguma irregularidade, pode denunciar à Justiça Eleitoral.

Portanto, é essencial que os candidatos e partidos sigam todas as normas e regulamentações estabelecidas pela Justiça no que diz respeito à prestação de contas. A transparência e a boa gestão financeira são fundamentais para evitar possíveis imbróglios e manter a credibilidade perante a sociedade. Uma equipe experiente saberá realizar essas tarefas, reduzindo riscos para a campanha. Para isso, além de um bom diretor financeiro, você irá precisar de um advogado com conhecimentos sobre prestação de contas. O apoio jurídico é o tema do Jurídico é o nosso próximo capítulo.

CAPÍTULO 7

Um advogado para organizar, defender e atacar

Uma campanha eleitoral é uma representação acelerada e concentrada da dinâmica da vida. Vai ter alegria, vai ter choro e vai ter briga, muita briga. Por isso, tenha logo um advogado de confiança ao seu lado. Mas não qualquer tipo de advogado. Nas campanhas políticas, você precisa de um ótimo advogado eleitoral.

Os melhores advogados eleitorais têm as mesmas qualidades dos grandes advogados de outras áreas: conhecimento atualizado da legislação e da jurisprudência, capacidade de formular teses vencedoras e relacionamento profissional com os demais atores da Justiça Eleitoral. Eles vão trabalhar bastante como conselheiros, estabelecendo diretrizes para o cumprimento da legislação. Mas também atuarão no Tribunal Eleitoral, com sustentações contra eventuais ataques dos adversários.

Já falamos da importância dessa consultoria desde o primeiro momento em que se deseja ser candidato. É o advogado quem vai orientar nas questões de filiação partidária e de domicílio eleitoral — e, assim, evitar questionamentos que levem à impugnação da candidatura por motivos burocráticos. Para ocupantes de cargos públicos que tentam a reeleição, ele será necessário para validar o que pode — e o que não pode — ser feito durante o período eleitoral. O uso da máquina pública é crime eleitoral punido com multa, inelegibilidade ou até a perda do mandato. Um bom escritório de direito eleitoral também auxilia o financeiro e a contabilidade, atuando como consultor da prestação de contas.

Para a Justiça Eleitoral, cada campanha é uma espécie de empresa, com nome fantasia (o nome da coligação) e CNPJ próprios. E um advogado especializado em campanhas cuida de todo o processo, do lançamento do produto eleitoral às regras de apresentação ao mercado de votos, da disputa com concorrentes à validação do balanço final, com a respectiva prestação de contas.

Mas é na hora em que a campanha esquenta, com os comerciais de televisão e os debates, que o advogado assume parte do protagonismo da campanha. É possível realizar duros ataques a adversários sem infringir a lei. Mas o candidato atingido certamente não pensará assim quando for atacado. O advogado do seu adversário procurará palavras, imagens e elementos que caracterizem ofensas pessoais, calúnia, injúria ou difamação — e irá à Justiça exigir o direito de resposta e a supressão das peças incômodas do horário eleitoral e das redes sociais. Quando receber algum ataque, você também irá proceder da mesma forma. Eleição é disputa e, no calor da campanha, os candidatos não usam palavras dóceis em relação aos adversários.

O melhor advogado, portanto, não é aquele que impede a sua campanha de fazer ataques ou evita brigas com adversários. Mas aquele que, conhecendo a legislação e a jurisprudência, entra na briga sabendo que vai ganhar. Os melhores advogados eleitorais são como os melhores pilotos de automobilismo: eles levam o carro até o limite, fazem a ultrapassagem mais ousada, mas evitam o contato com o muro, passando a milímetros do choque imprudente.

Para a sorte da sua campanha, essa é uma especialização que conta com excelentes nomes. Já dissemos antes que o diretor financeiro de uma campanha tem muitas diferenças em relação ao diretor financeiro de uma empresa. Da mesma forma, o Chefe da Coisa Toda não tem os mesmos papéis de um diretor-geral oriundo do mercado empresarial. São funções temporárias e específicas para as quais não existem muitos quadros. No caso do advogado eleitoral, é o contrário. Esse é o seu mercado — e essa especialização já tem mais de 90 anos de existência, desde 1932, quando foi promulgado o Código Eleitoral. É no território das campanhas que ele cresce e prospera.

Cerca de um ano antes de cada eleição, o Congresso Nacional costuma atualizar a legislação eleitoral. Assim, o Brasil já autorizou *showmícios* eleitorais, depois proibiu a contratação de artistas para atrair público para grandes eventos de campanha. Já autorizou efeitos especiais na propaganda eleitoral, depois os proibiu. Criou a Lei da Ficha Limpa, que veda a candidatura de quem tiver uma condenação por órgão colegiado. E criou a Lei do Fundo Especial de Financiamento de Campanha, depois que o STF proibiu, em 2015, no auge da Lava Jato, as doações de empresas a candidatos e partidos durante campanhas eleitorais. Cada uma dessas inovações e alterações traz consigo dúvidas e interpretações, que serão dirimidas pela estrutura da Justiça Eleitoral.

No mundo, 173 países possuem uma Justiça para resolver questões eleitorais. E 84 países, incluindo o Brasil, têm especificamente uma Justiça Eleitoral, sendo que 11 deles contam com uma corte superior, como o nosso Tribunal Superior Eleitoral (TSE). No Brasil, essa estrutura inclui, além do TSE, os tribunais regionais — cada estado possui Tribunal Regional Eleitoral (TRE), localizado na capital — os juízes eleitorais e as juntas eleitorais. Essa estrutura é responsável pelo alistamento dos eleitores, registro das candidaturas, votação, apuração e diplomação.

O Código Eleitoral de 1932 previa em seu artigo 57 o uso de máquinas de votar, a ser regulado posteriormente pelo TSE. Nas eleições municipais de 1996, essa previsão legal começou a se concretizar com 64 anos de atraso, e as urnas eletrônicas fizeram sua estreia. Cerca de 32 milhões de eleitores, um terço do total na época, registraram suas escolhas em 70 mil equipamentos. Era o início do fim de uma era marcada pelas mais variadas fraudes.

O voto em papel possibilitava uma série de irregularidades que permeavam todo o processo: na urna, no transporte das urnas, na apuração e na totalização dos votos. Cada etapa estava sujeita a fraudes e falsificações. O resultado era frequentemente questionado — e recontagens e impugnações de votos se tornavam tema recorrente de ações eleitorais.

Hoje, o Brasil é um dos 46 países com um sistema eletrônico de votação. Em 2022, foram usadas 577 mil urnas, que permitiram anunciar o resultado da eleição presidencial em apenas 3 horas e meia, após o encerramento da votação.

Cabe à Justiça Eleitoral resolver todos os contenciosos relativos às eleições, passando pela parte processual, de cumprimento de prazos e respeito ao calendário eleitoral, até o julgamento de crimes. Os dados acima comprovam que a Justiça Eleitoral não é uma jabuticaba, algo que só existe no Brasil. Mas, a depender do candidato, é provável que ao final da campanha ele tenha visto mais regras do que votos. Dê atenção a esses tópicos que revelam uma amostra razoável das etapas, minúcias e limitações legais de uma campanha:

Calendário eleitoral

No ano anterior à eleição, o TSE costuma fazer uma resolução com os principais prazos e assuntos do calendário eleitoral. Eles vão de questões burocráticas, como as datas para transferência do título eleitoral, até limitações que mais à frente podem resultar em crimes eleitorais, como alguns gastos e ações dos governos. Em geral, são mais de 12 itens relevantes que merecem a atenção dos advogados e candidatos.

Vedações eleitorais

Os principais impedimentos e vedações eleitorais são:

1. **Idade:** para exercer o voto, o eleitor precisa ter 16 anos completos até o dia da eleição. O voto é obrigatório para todas as pessoas com mais de 18 anos e menos de 70;

2. **Nacionalidade:** só podem votar os brasileiros natos ou naturalizados;

3. **Registro eleitoral:** é necessário estar com o título de eleitor em dia e regularizado;

4. **Voto facultativo:** para maiores de 70 anos e analfabetos, e maiores de 16 anos;

5. **Inelegibilidade:** alguns casos específicos, como candidatos condenados por órgão colegiado e pessoas que tiveram contas rejeitadas por tribunais de contas, por exemplo, não podem ser candidatos;

6. **Fidelidade partidária:** os políticos eleitos devem manter fidelidade aos partidos que os elegeram. Caso haja mudança de partido, fora de autorizações legais para isso, podem perder o mandato;

7. **Propaganda eleitoral irregular:** é vedada a propaganda eleitoral em bens públicos, entre outras regras estabelecidas pela legislação eleitoral;

8. Magistrados e membros do Ministério Público não podem se candidatar a cargos eletivos;

9. Militares da ativa não podem se candidatar a cargos eletivos;

10. Servidores públicos federais, estaduais ou municipais não podem se utilizar de recursos públicos para a promoção pessoal, pública e política;

11. Candidatos não podem fazer propaganda eleitoral usando *outdoors*;

12. Candidatos não podem receber doações de pessoas físicas ou jurídicas estrangeiras.

Crimes eleitorais

Os crimes eleitorais são tipificados pela Lei nº 4.737/65 (Código Eleitoral) e pela Lei nº 9.504/97 (Lei das Eleições) e se referem a condutas ilegais no processo eleitoral por parte de candidatos, eleitores e demais envolvidos.

Entre as práticas consideradas crime eleitoral estão:

1. Compra de votos ou troca de favores;

2. Uso de recursos públicos em benefício de candidatos;

3. Divulgação de pesquisas eleitorais falsas ou manipuladas;

4. Uso de *fake news* para prejudicar candidatos concorrentes;

5. Distribuição de brindes, oferta, promessa ou doação de dinheiro ou qualquer outra vantagem para obter votos;

6. Propaganda eleitoral irregular, em locais proibidos por lei, ou fora do prazo legal;

7. Realização de boca de urna com propaganda eleitoral ou solicitação de votos dentro do local de votação no dia da eleição;

8. Transporte ilegal de eleitores para votar em determinado candidato ou partido, em troca de alguma vantagem.

Denúncias eleitorais

É importante que as eleições sejam regidas pelas leis e regulamentos, e qualquer suspeita de fraude eleitoral deve ser informada às autoridades competentes para investigação e ação legal adequada. Os eleitores também podem informar qualquer irregularidade que observarem durante a votação aos mesários ou à Justiça Eleitoral local.

Para registrar uma denúncia eleitoral, o cidadão pode seguir os seguintes passos:

1. Acessar o *site* do Tribunal Superior Eleitoral (TSE) ou do Tribunal Regional Eleitoral (TRE) do seu estado;

2. Procurar a opção "Denúncias" ou "Ouvidoria" no menu principal;

3. Preencher os dados pessoais, como nome, CPF e *e-mail*;

4. Descrever detalhadamente a denúncia com informações como data, hora, local e envolvidos;

5. Anexar documentos que possam comprovar a denúncia, como fotos, vídeos e documentos;

6. Confirmar o envio da denúncia e aguardar o retorno do órgão responsável.

É importante lembrar que as denúncias eleitorais devem ser feitas de forma responsável e com base em fatos específicos, para que possam ser apuradas com eficiência. Além disso, é possível fazer denúncias de forma anônima, mas nesse caso é necessário fornecer informações suficientes para que a denúncia seja apurada.

As condenações por crimes eleitorais

1. **Inelegibilidade:** um dos principais efeitos das condenações por crimes eleitorais é a inelegibilidade, que impede o réu de se candidatar a cargos políticos por um período determinado. Esse período de inelegibilidade varia de acordo com a gravidade do crime e pode chegar até a oito anos;

2. **Perda de mandato:** caso o réu já esteja ocupando um cargo político, a condenação por crime eleitoral pode resultar na perda do mandato. Isso significa que o político é destituído do cargo e não pode mais exercer suas funções;

3. **Multas:** a grande maioria das condenações resulta em multas, que podem ser altas e representar um grande prejuízo financeiro para o réu. Em 2022, por exemplo, o TRE de São Paulo aplicou R$ 745 mil de multas em 83 processos relativos à propaganda e direito de resposta. Mas a maior multa já aplicada no país foi de quase R$ 23 milhões, numa condenação de novembro de 2022 do TSE contra o Partido Liberal, por litigância de má-fé.

4. **Reclusão:** em casos extremos, crimes eleitorais são passíveis de pena de reclusão, ou seja, prisão em regime fechado. Embora raros, existem casos no Brasil de prisão, por exemplo, por falsificação de documentos com fins eleitorais.

Além dessas consequências específicas, as condenações por crimes eleitorais também geram impactos negativos na imagem e reputação dos envolvidos. Uma condenação em pleno processo eleitoral costuma ser explorada pelos adversários. Como a política é uma atividade que exige confiança e legitimidade, os réus podem enfrentar dificuldades para retomar suas carreiras políticas ou para atuar em outras áreas profissionais.

Como preparar a equipe para evitar crimes eleitorais

1. **Conscientize a equipe sobre as leis eleitorais:** a primeira etapa da preparação é garantir que

toda a equipe entenda as principais leis eleitorais e reconheça o que pode ou não ser feito durante a campanha. Encoraje-a a ler as normas básicas sobre publicidade, propaganda política e financiamento eleitoral. Lembre a equipe que as leis eleitorais se aplicam aos candidatos, ainda que o ato seja praticado por algum membro da equipe de campanha;

2. **Capacitação:** ao longo do processo eleitoral, é importante fazer uma reunião de capacitação a fim de que a equipe esteja sempre atualizada com as normas eleitorais e possíveis mudanças nessa área.

Lembre-se de que crimes eleitorais podem resultar em multas e penas de prisão, razão pela qual a equipe deve estar consciente dessa responsabilidade e trabalhar com ética e integridade.

O que acompanhar e cobrar do jurídico da campanha

1. **Objetivos da campanha:** o jurídico precisa entender os objetivos da campanha para determinar quais leis e regulamentos são relevantes;

2. **Financiamento:** o jurídico deve assegurar-se de que a campanha esteja em conformidade com as leis de financiamento de campanha, incluindo a divulgação adequada de doações e gastos;

3. **Ética:** o jurídico deve garantir que a campanha esteja em conformidade com as normas éticas do campo político. Isso inclui garantir que nenhum candidato ou membro da equipe da campanha esteja envolvido em atividades ilegais ou antiéticas;

4. **Propaganda:** o jurídico deve assegurar-se de que toda a publicidade e propaganda da campanha estejam em conformidade com as leis e regulamentos eleitorais. As equipes de *marketing* mais experientes mantêm uma estreita ligação com o jurídico para aprovação ou adaptação de peças de propaganda que podem resultar em contestação. E um jurídico experimentado saberá autorizar a divulgação de peças que provavelmente vão provocar questionamentos, mas que certamente serão vencidas na primeira ou segunda instância eleitoral;

5. **Debates:** o jurídico deve se preparar para eventos de debate, a fim de garantir que todos os candidatos com direito a participar sejam tratados com igualdade e que nenhuma campanha ou mídia esteja tentando manipular o público;

6. **Controle de danos:** o jurídico deve estar preparado para lidar com qualquer tipo de escândalo ou crise durante a campanha. Isso inclui ajudar a minimizar danos de violações de ética ou contratempos inesperados, como escândalos pessoais ou familiares;

7. **Revisão final:** o jurídico deve garantir que todos os pedidos de registro de candidatura e quaisquer materiais de campanha, como panfletos ou anúncios de TV, sejam revisados para se certificar de que estão em conformidade com as leis e regulamentos.

Muitos brasileiros passam a vida inteira sem precisar de um advogado, mesmo quando teria sido melhor contratar os serviços de um deles. Mas nenhuma campanha competitiva pode prescindir de um especialista em direito eleitoral. São tantas as formalidades, burocracias, regras e prazos que apenas os advogados estão preparados para enfrentar as diversas interpretações, limitações e exigências impostas às campanhas. É por isso que muitos políticos têm mais fidelidade a seus advogados que a partidos ou compromissos eleitorais.

CAPÍTULO 8

Programa de governo: instrumento eleitoral ou armadilha política?

Numa disputa, a última coisa que você deveria fazer é antecipar suas estratégias, revelar seus argumentos e abrir seus projetos inovadores. Se você fizer isso, seu adversário terá tempo de copiar suas ideias, contestar os argumentos e criar um contra-ataque eficiente à sua estratégia, certo?

Certo, desde que a eleição não seja no Brasil. De acordo com a Lei das Eleições, desde 2009, se você quiser ser candidato a prefeito, governador ou presidente da República, tem de entregar à Justiça Eleitoral suas propostas de governo na hora de registrar a candidatura. A proposta de governo é um dos nove documentos exigidos pela Justiça para registrar sua candidatura. Além da proposta de governo, você terá de apresentar, por exemplo, a foto que aparecerá na urna, o nome da coligação, a declaração de bens e certidões criminais. Ou seja, se for candidato a cargo executivo, tem a obrigação de informar à Justiça Eleitoral o que pretende propor aos eleitores, antes mesmo de ser legalmente autorizado a pedir votos.

Pior que isso: a documentação vai se tornar pública, e seus adversários poderão explorar politicamente suas ideias antes de você medir, na prática, se os eleitores gostam ou não das propostas. As boas ideias serão copiadas. A ausência de alguns temas despertará a ira de determinados grupos. As ideias ousadas serão contestadas ou ridicularizadas nas redes sociais. Tudo o que você disser, provavelmente, será usado contra você.

Então, saiba que o programa de governo não é mera formalidade. Ele faz parte da disputa eleitoral e merece sua atenção. Quase nenhum eleitor irá ler de fato. Mas seus adversários estarão atentos a cada vírgula, cada palavra, cada contradição. Ele poderá vir a ser o primeiro problema da campanha, repisado em sabatinas na imprensa e explorado nos debates da televisão. E, a partir daí, mesmo quem não leu, nem vai ler, passará a acreditar que suas propostas têm problemas. Lembre-se: você está numa corrida rasa, de alta performance, então cuidado com a ansiedade. Não vá queimar a largada oferecendo fácil, logo na partida, tudo o que seus adversários gostariam de saber da sua campanha.

Se queimar a largada, no lugar de gerar confiança, você vai provocar insegurança e medo no eleitor. Quantos candidatos são vistos como pessoas que não sabem o que dizem? Quantos caem no folclore, no ridículo e na pecha de incompetentes? Quantas ideias inusitadas aparecem, que podem até ser simpáticas, mas que nunca se converterão em maioria de votos porque o eleitor sabe que sua execução é quase impossível? Como a proposta de construção de um aeromóvel sobre os leitos dos rios Tietê e Pinheiros, em São Paulo.

Por isso, é preciso saber propor e, até mesmo, saber defender o que não foi proposto. Ou o programa de governo tem grandes chances de se tornar uma armadilha política, fabricada pela sua campanha contra você mesmo.

Na teoria, a inclusão de um documento com propostas de governo para o registro de candidaturas a cargos executivos deveria ser elogiada. O programa de governo serve como um instrumento de transparência e compromisso do candidato com a sociedade. É um roteiro em que o candidato apresenta objetivos e estratégias para solucionar os problemas da população. Ajuda o eleitor a se identificar com o candidato pela semelhança de visão de mundo e reforça a confiança entre ambos.

Se seu candidato for eleito, o plano de governo funcionará como guia para o mandato, permitindo a cobrança das promessas não cumpridas. Para o governante, o programa de governo se tornará um elemento de avaliação de resultados e possibilitará ajustar ações de acordo com as cobranças da população. Visto assim, o plano de governo é um instrumento eleitoral que deveria atrair votos e construir uma sociedade mais justa e democrática. Mas, na prática, a teoria é outra.

O problema do plano de governo está no calendário. Ou seja, candidatos a prefeituras, governos estaduais ou à Presidência da República têm de entregar um documento propositivo logo no início da campanha, quando os debates mal começaram. Na exegese coletiva de qualquer campanha eleitoral, o candidato tem de se comprometer antecipadamente com assuntos que talvez nem venham a ser temas da disputa. Então, mais do que se ater à letra da lei, é preciso entender o espírito dela.

Eleição, dissemos no início, é a vida elevada ao extremo, e por isso mesmo é absolutamente imprevisível. Essa disputa pelo voto envolve, quase sempre, encontrar respostas para perguntas que os eleitores nem sequer fizeram. Mas, por determinação legal, os candidatos precisam apostar em algumas ideias antes mesmo de serem autorizados a pedir votos. O plano de governo corre sempre o risco de ser um exercício de futurologia, a ser entendido pelo eleitor como mais um blá-blá-blá político, sem efeito prático, a menos que seja corroborado no calor da campanha.

Mas existe uma maneira de não ser pego na armadilha e resolver esse dilema. Com uma boa equipe para elaborar o seu plano de governo, você pode cumprir a obrigação com a Justiça Eleitoral, oferecendo pouco espaço para ataques dos adversários e guardando o melhor das suas propostas para a hora certa da campanha eleitoral.

Nunca comece a campanha entregando o ouro ao adversário. Se ele quiser atacar sua candidatura, que fabrique sozinho os argumentos. E depois, que responda por tomar a iniciativa dos ataques, geralmente malvistos pelo eleitor. Para resolver o problema, você fará dois documentos. O primeiro, curto e vago, com ideias de consenso, que irá cumprir a obrigação legal sem que você precise abrir a guarda ou revelar sua estratégia. O segundo, esse sim um plano mais detalhado, irá contemplar os vários matizes eleitorais e diversos grupos de pressão.

O primeiro documento, com as propostas gerais, precisa ser aprovado pelo advogado para atender à formalidade legal. O segundo, tem de conquistar a sociedade. Para fazer o primeiro documento, você precisará de alguém com experiência na disputa. O objetivo é evitar ataques e, ao mesmo tempo, cumprir o espírito da lei: oferecer ideias para os problemas da sociedade.

Para o segundo, você terá de ter um time de especialistas em diversas áreas, intelectuais conhecidos e militantes das principais causas da sua campanha. O objetivo agora é consolidar as alianças com os grupos sociais que você conquistou na campanha, atacar os pontos fracos dos adversários e firmar os compromissos que já se tornaram públicos no horário eleitoral, nas entrevistas, sabatinas e debates entre os candidatos.

O primeiro documento é a proposta do candidato para a sociedade, numa campanha que está apenas começando. O segundo é o retorno da sociedade para o candidato, confirmando caminhos e soluções que foram correspondidos pelo desejo dos eleitores. O documento de propostas dá a largada em algumas ideias. O plano de governo, debatido e amadurecido, comprova quais ideias serão transformadas em políticas públicas, se você vier a ganhar a eleição.

É por isso que o plano de governo precisa de tempo, debates, maturação e do trabalho de especialistas. Para elaborar um plano de governo, é necessário considerar diversos pontos, como a visão do candidato para o município, estado e país; as principais demandas da população; a análise de dados e indicadores socioeconômicos; além da avaliação das políticas públicas existentes e seus resultados.

O plano de governo deve conter informações claras e objetivas sobre cada proposta, apresentando os objetivos, as ações a serem realizadas, os prazos e os recursos necessários para sua implementação. A era da promessa vazia acabou. Candidato que não diz de onde virá o dinheiro para cumprir seus projetos perde o respeito do eleitor.

É importante, portanto, que o plano seja realista, viável, democrático e participativo. O documento precisa conter diretrizes e estratégias para a atuação nas áreas de educação, saúde, segurança, infraestrutura, emprego, meio ambiente e cultura, por exemplo. Precisa ter propostas específicas para grupos identitários e políticas de inclusão social. Seu objetivo é orientar a atuação do candidato durante o mandato e garantir a transparência e a prestação de contas à sociedade.

É importante estabelecer metas a serem alcançadas, definindo indicadores claros e objetivos para medir os resultados. Quantas casas serão construídas para reduzir o déficit habitacional? Quais as medidas para enfrentar a mudança climática? Que áreas merecem incentivo do governo? Como reduzir filas de cirurgia no SUS? Qual o prazo para implantar ensino integral em todas as escolas? Como atender a demanda por creches? Quais melhorias esperar no transporte público? Esses indicadores devem ser mensuráveis, específicos, relevantes e ter prazos bem definidos. Boa parte dos dados levantados pelos especialistas de cada área fará parte da sua propaganda política.

A população sabe que nenhum governante consegue resolver todos os problemas ao mesmo tempo. Por isso, o plano de governo deve definir as ações prioritárias. E uma parte da eleição, no final, se ganha pela convicção do eleitor a respeito de quem tem a capacidade de resolver o quê. Um é bom em fazer obras; outro é melhor para gerar empregos; e um terceiro tem mais condições de combater o crime ou reduzir a miséria. O seu programa de governo precisa mostrar no que você é bem melhor do que os outros. E porque você é melhor.

Então, reúna seu time de especialistas. Eles sabem que, em caso de vitória, terão a chance de implantar as políticas públicas nas suas respectivas áreas. A confiança que será criada nesse trabalho é a base para você formar seu time de gestores. É inevitável que a equipe do plano de governo se torne parte da equipe de governo, se você ganhar a eleição.

Um bom plano de governo pode ser estruturado da seguinte forma:

1. **Identificação dos principais problemas e demandas da sociedade:** a primeira etapa é identificar os principais problemas e demandas sociais relacionadas a diversos setores, como saúde, educação, segurança e meio ambiente, entre outros;

2. **Análise da situação atual:** o passo seguinte é realizar uma análise aprofundada da situação atual de cada setor, levando em consideração os recursos disponíveis, as políticas públicas existentes e as necessidades da população;

3. **Definição de objetivos e metas:** com base na análise realizada, é preciso estabelecer objetivos e metas claras e específicas para cada setor, definindo o que se pretende alcançar em curto, médio e longo prazos;

4. **Desenvolvimento de estratégias:** para atingir os objetivos e metas, é preciso desenvolver estratégias que envolvam ações concretas e detalhadas, com base em evidências e dados;

5. **Elaboração do plano de ação:** com base nas estratégias definidas, é preciso estruturar um plano de ação com as atividades específicas a serem realizadas, os prazos e os responsáveis por cada ação;

6. **Definição de recursos e orçamento:** para tornar o plano viável, é importante definir os recursos monetários, físicos e humanos necessários para sua implementação, além de estabelecer um orçamento detalhado para os investimentos necessários;

7. **Avaliação e monitoramento:** por fim, é imprescindível estabelecer um sistema de avaliação e monitoramento para acompanhar o progresso do plano e realizar ajustes nas estratégias e ações, garantindo a eficácia e efetividade do plano de governo.

Qualquer proposta de governo, seja o documento inicial, seja o plano mais denso, precisa ser submetida ao *marketing*.

Compromissos de campanha são peças de *marketing*, pelo menos enquanto durar a disputa. Em caso de vitória, serão políticas públicas. Ideias precisam de *slogans* e marcas para serem entendidas mais facilmente. Um programa de complementação de renda só se chama programa de complementação de renda nos artigos de economistas. Na campanha — e na vida real — ele ganha o nome dado pelo *marketing*: Auxílio Brasil ou Bolsa Família. Um programa de habitação popular na campanha, e, depois, no governo, se chama Casa Verde Amarela ou Minha Casa, Minha Vida. E, muitas vezes, o programa de governo das diversas campanhas políticas é assim mesmo: promete-se coisas iguais ou parecidas, com nomes diferentes. O que muda é o sentimento dos eleitores em relação a cada uma delas e a crença em quem tem mais condições de implantar melhorias para sua vida. E esse, no final, é o grande ponto de qualquer campanha: a motivação do voto.

Ganha a eleição quem motiva a maioria do eleitorado. Mas como isso acontece em meio às muitas transformações sociais, econômicas e tecnológicas da nossa era? Como fazer isso nesses tempos de comunicação fragmentada, de hiperpolarização e de ascensão de novos grupos sociais e econômicos? Cada eleição é uma eleição, mas existem alguns trilhos que permitem uma análise mais abrangente e oferecem pistas e *insights* do que ainda está por vir. Vamos virar a página do passado para entender a mudança.

CAPÍTULO 9

A motivação do voto: o grande momento do eleitor

Parabéns! Por mais de seis meses, você fez uma revolução: decidiu se expor pela política, abdicou de momentos com a família, escolheu uma causa para defender, atuou nas redes sociais, se filiou a um partido político, lutou dentro dele para ser candidato, contratou pesquisas para direcionar seus posicionamentos, se preparou para eventos e entrevistas, gravou programas eleitorais, brigou por recursos para divulgar sua candidatura, cumpriu uma série de exigências legais da Justiça Eleitoral, viu sua reputação ser debatida em praça pública, atacou adversários (ou pelo menos se defendeu de ataques), contratou profissionais de diversas áreas para dar apoio a essa ambição, foi às ruas para convencer as pessoas e agora, depois desse intenso trabalho, está pronto para enfrentar o julgamento do eleitor porque fez tudo o que poderia ser feito.

Você seguiu o manual das campanhas competitivas e não espera outra coisa das urnas que não seja a consagração popular. Mas se você for candidato a vereador ou deputado, dezenas de candidatos terão trabalhado de maneira semelhante. Mesmo se você estiver num segundo turno de uma campanha a prefeito, governador ou presidente, haverá um adversário que também seguiu esse roteiro. Então, por que o eleitor prefere um e não outro candidato?

Antes de tentar entender as motivações do eleitor, pense mais uma vez em você mesmo. Trabalhe até o último segundo para ganhar a eleição, tenha a persistência e dedicação dos atletas olímpicos, viva a campanha como se fosse o evento mais importante da sua história. O eleitor reconhece e premia quem realmente demonstra a gana do vencedor.

Mas esteja preparado para a derrota. "A vitória tem vários pais, a derrota é órfã", é uma frase clássica da política através dos séculos. A derrota trará os piores sentimentos: frustração, raiva, apatia, solidão, fracasso. Eleição é paixão, e a derrota nas urnas é o seu luto. Aquela ilusão, por vezes maior que a amorosa, virou pó nas três rápidas e dolorosas horas de apuração e, agora, não tem mais nada que você possa fazer para reverter o resultado. A sentença das urnas é implacável. Você perdeu e ponto.

Por isso, tenha sempre um Plano B, um projeto alternativo, e coloque-o em prática assim que passar o cansaço acumulado de meses de pouco sono e muita correria. Haverá uma ressaca da adrenalina, queda na serotonina, o corpo e a mente cobram o preço do esforço em vão. Mas se você estiver convicto da sua causa, lembre-se: a próxima eleição começa quando termina a anterior. Mesmo o maior vencedor de eleições para presidente, Luiz Inácio Lula da Silva, estreou nas urnas com uma sucessão de derrotas. Ele perdeu uma eleição para governador e três para presidente (duas com derrota no primeiro turno), antes de vencer três disputas em segundo turno.

Mas por que alguém que foi rejeitado três vezes pela maioria da população do Brasil se consagra em outras três eleições? Eleição é paixão, e o eleitor não fica imune. Muitos enxergam atributos e virtudes que o candidato não tem, imaginam ações e políticas que nunca virão do eleito. A ilusão política supera todas as barreiras e atinge igualmente eleitores homens e mulheres, jovens e idosos, ricos e pobres, crentes e ateus, brancos e pretos, intelectuais e analfabetos.

Mas afinal, no que as pessoas se prendem? No que acreditam? Qual a grande linha que as motiva? Por mais que existam regras e formas universais de se fazer uma campanha política, cada eleição é diferente da outra. Entender a motivação do voto é a grande questão perseguida pelos profissionais das campanhas. A resposta definitiva só se dá com o resultado, oferecendo ao grupo vencedor um sentimento profético e, aos perdedores, a certeza do equívoco. Uns confirmarão as hipóteses, outros terão de repensar suas convicções. Poucos sairão vencedores, muitos serão derrotados. E nessa hora você não pretende ficar do lado da maioria. Você quer ser o eleito.

Então, o que move o eleitor? "A economia, estúpido", profetizou James Carville, marqueteiro do candidato Bill Clinton na eleição de 1992. A frase entrou para a história do *marketing* político porque a estratégia de responsabilizar o presidente George Bush pelo baixo desempenho econômico levou o então governador de um estado menos relevante politicamente, o Arkansas, a derrotar um presidente em pleno exercício do mandato, evento pouco frequente nos Estados Unidos.

Esse feito já seria enorme, mas ficou ainda maior porque Bush largou, um ano antes, com uma das maiores popularidades da história. Além disso, na frieza dos números, a economia não estava tão mal quanto Clinton fez parecer na campanha. No início de 1991, Bush iniciou a Primeira Guerra do Golfo ao expulsar as tropas iraquianas que haviam invadido o Kuwait. Dois meses depois do início da guerra, sua popularidade atingiu 89% de aprovação. Além disso, o PIB americano teve uma queda de apenas 0,1% em 1991 e um crescimento de 3,5% no ano seguinte, quando os eleitores foram às urnas. É certo que 1990 e 1991 foram os piores índices de crescimento desde a recessão de 1982, mas, na hora do voto, o quadro econômico era positivo. É por isso que a vitória de Clinton tem muito de magia eleitoral. Nela, os dados em si não conseguem vencer a barreira criada pela interpretação da realidade. O sentimento vale mais que o fato. É a famosa narrativa eleitoral.

A economia foi o principal motor do voto — e das narrativas eleitorais — nas democracias ocidentais no período que vai do fim da Guerra do Vietnã, em abril de 1975, até a quebra do Lehman Brothers, em setembro de 2008. A economia pode ser considerada o fato determinante para as duas vitórias, em primeiro turno, de Fernando Henrique Cardoso sobre Lula, em 1994 e 1998. Ela também explica a vitória de Lula sobre José Serra em 2002 e sua reeleição contra Geraldo Alckmin em 2006, ambas em segundo turno.

Nas duas derrotas, a realidade dos dados se somou ao sentimento de que o Brasil estava indo bem. O Plano Real encerrou um período de 20 anos de crise inflacionária, e a maioria não queria correr o risco de mudar o que estava dando certo. Na primeira vitória, em 2002, a campanha de Lula conectou o sentimento de mudança ao de continuidade ao se apresentar como o "Lulinha Paz e Amor". A campanha inverteu o posicionamento do PT, que oito anos antes se colocara contra o Plano Real e, depois, lutou contra a privatização dos setores de telecomunicações, petróleo e mineração. Os dados da economia no último ano do governo Fernando Henrique não eram os melhores, por isso o temor da mudança não foi suficientemente forte para garantir maioria a Serra. Na reeleição de Lula, em 2006, a campanha o isolou da crise moral gerada pelo Mensalão e confirmou o sentimento positivo com a economia ao adotar o *slogan* "Deixe o homem trabalhar".

A decisão de voto se assemelha às questões da vida. Uma ponderação entre o medo e a esperança, uma avaliação de riscos e oportunidades. A economia esteve no centro da motivação eleitoral de 1975 a 2008, porque naqueles anos a esperança se mostrou mais do que o medo. A Guerra Fria perdeu força, o Muro de Berlim foi derrubado, a União Soviética se dissolveu, a Cortina de Ferro caiu, a Comunidade Europeia se tornou uma realidade, o Euro virou uma nova moeda forte, o Sudeste asiático se industrializou, a China ascendeu, as economias se integraram e as trocas comerciais aumentaram. Um período de paz e prosperidade inédito resultou em horizontes amplos para os eleitores. A cada disputa, havia sempre um futuro melhor a ser alcançado, e de fato, muitas promessas de campanha se tornaram realidade. Era a época em que os otimistas podiam até não vencer, mas os pessimistas sempre perdiam.

A moderação política andava de mãos dadas com o crescimento econômico. Personalidades histriônicas ou autoritárias eram ridicularizadas e rejeitadas pelo eleitor. Partidos de direita e de esquerda caminharam para o centro e se alternaram no poder durante quase 40 anos. Na França, socialistas e republicanos — François Mitterrand e Jacques Chirac — e seus respectivos apadrinhados e sucessores. Na Espanha, o PSOE e o PP — Felipe González (PSOE), José Maria Aznar (PP), José Luis Rodrígues Zapatero (PSOE) e Mariano Rajoy (PP). Na Alemanha, o Partido Social-Democrata e a União Democrata Cristã. Nos Estados Unidos, Republicanos e Democratas criaram uma enorme zona cinzenta em que muitas das principais propostas para o país se assemelhavam. No Brasil, deu-se o grande momento de PSDB e PT, no qual foram criadas e continuadas muitas das políticas públicas que permanecem eleitoralmente relevantes até hoje.

Esse ambiente gerou o eleitor de resultados. O que importava era a melhoria de vida. A frase de James Carville resume uma época, mas aquele tipo de magia narrativa ficou para trás. Depois da reeleição de Clinton, Carville não obteve o mesmo sucesso com John Kerry, em 2004, e viu Hilary Clinton fracassar diante de Barack Obama nas prévias de 2008. No Brasil, essa época poderia ter outra epígrafe: "rouba, mas faz". (O termo foi criado em 1957 por Paulo Junqueira Duarte, adversário de Adhemar de Barros na eleição para prefeito de São Paulo, e acabou sendo usado pela própria campanha vitoriosa de Adhemar como contraponto às denúncias de corrupção.) Com esse mote, eleitores do Brasil inteiro, em todos os níveis de disputa, justificavam o voto em candidatos reconhecidamente desonestos, mas que, uma vez eleitos, entregavam obras e outras políticas populares. "Rouba, mas faz" é a escala mais radical desse voto pragmático. É o eleitor de resultados na sua essência mais crua, sem máscara e sem paixão, alguém que coloca a expectativa de um futuro melhor acima da desaprovação moral.

Enquanto Lula cumpria o segundo mandato, o mundo sofreu um conjunto de mudanças que iniciaram a grande guinada na motivação eleitoral. No fim da década de 2000, o reinado da economia como principal motor do voto foi sacudido por uma série de eventos. Em 15 de setembro de 2008, o Lehman Brothers quebrou. Era o quarto maior banco de investimentos dos Estados Unidos, mas tinha um passivo de créditos podres e investimentos de alto risco, que o tornou a maior falência da história do país. Muitos outros bancos se encontravam em situação semelhante à do Lehman, gerando uma crise de confiança em todo o mercado e obrigando os Bancos Centrais de vários países a intervirem em instituições financeiras.

O ajuste do sistema financeiro ocidental foi grande e demorado, pondo fim aos seguidos anos de bonança. Boa parte dos países entrou numa crise profunda: aposentadorias cortadas, salários estagnados, investimentos paralisados, desemprego em alta. Espanha, Portugal e Itália enfrentaram cinco anos consecutivos de crise, com recessão ou crescimento nulo. A Grécia promoveu um duro ajuste fiscal, imposto pela Comunidade Europeia. O horizonte de certezas e esperanças se dissipou. A bonança na economia cedeu lugar a um cenário de medo e insegurança para o eleitor. No mercado financeiro e na política, os mais otimistas estavam perdendo e alguns pessimistas começavam a ganhar.

Ao mesmo tempo, a revolução tecnológica acelerou, impondo novos padrões de comportamento e gerando incertezas. No meio de 2007, a Apple lançou o primeiro iPhone. No Brasil, ele só chegaria em setembro de 2008. Já no fim do ano, o iPhone tinha 8,2% do mercado de telefonia celular e o sistema Android apenas 0,5%. O mundo começou a entrar na era dos aplicativos e da navegação pelo toque na tela. O WhatsApp, que hoje é o aplicativo mais popular do Brasil, só foi lançado em 2009. Na sua primeira versão, não permitia envio de fotos nem de arquivos, muito menos de mensagens gravadas. Era meramente um concorrente do SMS. Mas os smartphones anunciavam que o jeito como as pessoas se conectavam e se informavam iria mudar rápida e profundamente.

Paralelamente, novos temas ganharam protagonismo. Causas globais, como a mudança climática, se tornaram prioridades políticas. Minorias dispersas se uniram pelas redes e reivindicaram direitos antes negligenciados. *Hashtags* universais foram criadas para unificar discursos de grupos sociais antes dispersos ou minoritários. "*Me Too*", colocou as mulheres na luta contra o assédio e a agressão sexual. Abusadores foram expostos, denunciados e julgados. "*Black Lives Matter*" denunciou abusos policiais contra negros e a desigualdade de tratamento no sistema legal em relação à população parda e preta. Defensores de ideias sectárias ou autoritárias se reuniram em grupos nas redes sociais e passaram a dar vazão a preconceitos e ameaças. O movimento "Redpill" prosperou no Instagram e no YouTube. Propostas e grupos identitários se tornaram um fator de motivação política em constante crescimento. A comunicação eleitoral seguiu atrás da mudança.

O Brasil tem hoje 1,2 smartphone por habitante. Não existe mais o crescimento exponencial dos anos de 2010 a 2019, e o mercado está maduro. O Android é o sistema dominante. A Samsung tem mais de um terço do mercado. Juntas, a Motorola e a Apple têm o mesmo *market share* que a Samsung. O WhatsApp está instalado em 99% dos celulares, comporta todo tipo de troca de mensagens e imagens e se tornou o aplicativo das discussões políticas.

Em 15 anos de revolução digital, algumas profissões foram dizimadas, e muitas estão em risco ou passando por uma profunda transformação. A crise do ajuste do sistema financeiro se somou à insegurança causada pela revolução tecnológica e à relevância de novos atores sociais, reduzindo poderes e privilégios de grupos antes hegemônicos. Novas questões sobre costumes, família ou religião ganharam a cena política, inflamando o debate. O mundo ficou diferente e, na visão de muitos, mais ameaçador. Não se trata mais de perder o emprego em um lugar e buscar uma vaga em outro. Mas sim ver sua profissão ser extinta e saber que o conhecimento adquirido ao longo da vida pode perder todo o valor da noite para o dia. Como, então, um candidato pode pedir para alguém acreditar em promessas de um futuro melhor, se em muitos casos o eleitor se viu obrigado a desacreditar na sua própria história, com um passado profissional que corre o risco de ser simplesmente anulado?

Os partidos políticos tradicionais pagaram um preço alto pela crise. Eles agora enfrentam a concorrência de agremiações menores, recém-criadas, mas que dão vazão ao discurso radical, minoritário e/ou antissistema, nascido dessa mistura de crise econômica, ameaça tecnológica e novos instrumentos de formação de grupos, de identidades e de comunicação. Na eleição presidencial de 2022 na França, por exemplo, os grupos tradicionais dos socialistas e dos republicanos, que se revezaram no poder por quase 40 anos, fizeram, juntos, menos de 7% do total de votos. Candidaturas representativas de propostas da extrema-direita fizeram mais de 30% e a extrema-esquerda mais de 23%. Some-se a eles os grupos ecológicos, que representam outra força não tradicional. Ao final, o presidente Emmanuel Macron conseguiu se reeleger, mas por uma margem bem menor do que em eleições anteriores. Fato raro, perdeu a maioria nas eleições legislativas que sucederam à disputa presidencial.

Os resultados mostram que, em 2022, três em cada cinco franceses foram seduzidos por alternativas menos convencionais e mais radicais. Eles deixam uma certeza: as motivações do eleitor mudaram. O passado não mais convence, não empolga, não conquista votos. O antigo consenso de ampliação do centro, de convergência de propostas, foi substituído por outro de contestação do passado recente, de deslocamento do centro para os extremos e de marcha em direção a alternativas mais radicais. A sociedade se distancia e se polariza.

Épocas de incertezas são terreno fértil para a propagação do medo e para a eclosão de revoltas. Desde o colapso do Lehman Brothers, o medo e a revolta estão mais presentes na vida das pessoas. E, naturalmente, transbordaram para o protagonismo político, tornando-se elementos constantes no debate eleitoral. No Brasil, a sucessão de grandes eventos de revolta e medo começou com as jornadas de junho de 2013, cujo gatilho foi o aumento no preço do transporte coletivo. A elas se seguiram a Operação Lava Jato, as manifestações e o *impeachment* de Dilma Rousseff, a greve dos caminhoneiros de 2018, a pandemia de 2020 e os acampamentos na frente das guarnições militares. Um ambiente permanente de conflito entre poderes, de exacerbações de instituições, de contestações e riscos institucionais demonstra que boa parte da sociedade brasileira passou mais de uma década acossada, ofegante e aos sobressaltos. Um sentimento aversivo e reativo.

A constância do medo altera a forma como agimos e pensamos. O medo aciona especialmente as amígdalas, estruturas em formato de amêndoas, localizadas no meio do cérebro, uma em cada hemisfério. As amígdalas estão associadas ao comportamento sexual, à memória, às emoções e à agressividade. Existem mais conexões nervosas ligando as amígdalas ao neocórtex (responsável pelo pensamento racional e cognitivo) do que no caminho inverso. Isso significa que as estradas do cérebro que levam informações emocionais para a parte racional são maiores do que as avenidas que fazem o caminho contrário, de levar racionalidade às emoções. Essa seria uma abordagem neurobiológica para explicar o fato de que em situações de perigo e medo o emocional predomina sobre o racional.

Diante de ameaças e perigos, as amígdalas colocam o corpo em alerta e nos impulsionam a agir. No *marketing* político dos extremos, é preciso promover riscos e ameaças com frequência. Esse é, talvez, o maior objetivo das *fake news*. Mentiras que se passam por informações verdadeiras sempre existiram, especialmente nas campanhas políticas. A ditadura do Estado Novo, de 1937, aconteceu depois da divulgação de um documento forjado por militares — o Plano Cohen —, que atribuía à oposição e aos comunistas um plano para derrubar o governo de Getúlio Vargas por meio de greves, manifestações, incêndios e assassinatos. A narrativa (falsa) seduziu parte da sociedade e a ditadura (verdadeira) foi implantada.

Mas as *fake news* são mais do que informações falsas. Elas são um estímulo à ação dos eleitores, geralmente reunidos em grupos de WhatsApp. Seu poder de mobilização não está na informação errada, mas no estímulo à amígdala para que você tome uma atitude diante do perigo. É por isso que, além da informação falsa em si, as *fake news* vêm sempre acompanhadas de ameaças e pedidos de ação, tornando-se um permanente contraponto a ideias adversárias. "Se você concordar com isso, vai destruir o futuro dos seus netos", "Mande essa mensagem para todos os conhecidos", "Mete o dedo e espalha esse absurdo". O mesmo processo se dá com as *hashtags*, sempre imperativas, um chamado à ação contra alguém ou alguma coisa que se quer derrotar. As *fake news* são um instrumento que divide os eleitores a favor e contra algumas causas, garantindo que a união de um grupo se baseie em ser radicalmente contra o outro. É um inegável caminho para a hiperpolarização política.

Esse processo de comunicação e engajamento é dinâmico e sedutor. Muitas pessoas, antes desinteressadas da política, se tornaram ardentes defensoras das ideias que as cativam. Quando elas recebem um alerta no grupo de WhatsApp que leva a uma *fake news* ou a outro apelo, o corpo produz adrenalina. Quando integrantes do grupo respondem positivamente, há a sensação de satisfação e afeto, aumentando os níveis de serotonina. É um processo de estímulo e recompensa semelhante ao que ocorre com os dependentes químicos. Em certo sentido, o WhatsApp e as *fake news* são a cracolândia da política.

O sentido do que é verdade mudou: nos grupos sociais, "verdade" é o que faz parte da visão de mundo e das crenças de cada um. É a simetria de valores que faz as pessoas acreditarem em mensagens desconectadas da realidade, mas impregnadas de suas próprias crenças. Como a ideia de que a Terra é plana ou de que o direcionamento de telas de celulares para o céu atrairia seres extraterrestres. Na hora do medo, pessoas e comunidades se voltam para si mesmas. Crenças e valores pessoais são mais importantes do que projetos coletivos.

O debate político é cada vez menos sobre o que é possível realizar e cada vez mais sobre o que "eu" acredito e contra o que "eu" odeio. Se você crê em algo ou em alguém, então o que você quer será realizado pela pessoa que tem sua confiança. Se aquilo ou quem você odeia for derrotado, você ganhou. No supermercado das campanhas polarizadas, o melhor produto não está mais ao alcance dos olhos, na prateleira das propostas, mas na tela do celular que reforça suas próprias crenças. O produto fora de série é aquele recomendado pelos amigos do grupo de WhatsApp. Na reta de chegada, nas horas finais da decisão do voto, os valores pessoais, o ódio ao outro e a recomendação do grupo social têm sido decisivos para capturar os indecisos. Nas democracias, essa pressão do eleitor gera nos eleitos uma disfunção da causa pública. Uma vez vencedor, é preciso manter o ciclo de ódio aos adversários e a crença nos valores do seu grupo, pouco importando o resultado coletivo dessas ideias ou propostas.

O eleitor de resultados foi demitido pelo eleitor de identidades. Ele é mais ideológico do que pragmático; mais radical do que contemporizador. Sem a motivação dele, você terá mais dificuldades de ganhar a eleição. Falar para os convertidos tornou-se uma forma de converter mais eleitores. Antes de pedir votos, eleja suas causas e seu grupo, como pede essa era da fragmentação eleitoral e de hiperpolarização política.

Olhe sempre para seus eleitores. Na campanha, a glória é dos que sabem trabalhar o medo e a esperança, que interpretam e dominam o sentimento difuso desse monstro chamado opinião pública, para assim fidelizar os votos.

Mãos à obra! Você está pronto para uma candidatura vitoriosa!

1

2

slogan oficial e o que o povo adotou

ma campanha exige, em muitas ocasiões, encontrar respostas para perguntas que os eleitores ainda não fizeram.

Em 2008, Barack Obama adotou um *slogan* convencional: "Podemos acreditar na mudança".

- Depois de ser derrotado na primária de New Hampshire, fez o discurso que mudou a campanha: *Yes, We Can* Sim, nós podemos"). Com isso, conseguiu se conectar com jovens, pretos e hispânicos e se tornou o primeiro residente afrodescendente dos Estados Unidos.

EL PAIS

Matanza de ETA en Madrid

Más de 170 muertos en cuatro atentados en trenes de cercanías

EL PAIS

Infierno terrorista en Madrid: 192 muertos y 1.400 heridos

Interior investiga la pista de Al Qaeda sin descartar a ETA

EL PAIS

MILLONES DE CIUDADANOS CONTRA EL TERRORISMO
España se echa a la calle

ATOCHA, ZONA CERO.

Vidas rotas — Homenaje a las víctimas del 11-M

Aznar y Acebes insisten en apuntar a ETA y la banda lo desmiente

---

EL PAIS

Tres marroquíes y dos indios, detenidos en Madrid en relación con el 11-M

Un autodenominado portavoz de Al Qaeda en Europa reivindica en un vídeo el brutal atentado

España vota bajo el síndrome del peor atentado de su historia

Miles de ciudadanos exigen en la calle que se les diga la verdad antes de ir a votar

FUNERALES

Virada eleitoral em 72 horas

Cinco capas do *El País*, principal jornal da Espanha, contam, em 2004, a história das 72 horas de uma das maiores reviravoltas eleitorais da história:

11 de março - Em edição especial, 5 horas após o maior atentado terrorista da história da Espanha, o *El País* informa que o governo atribuiu os ataques aos separatistas bascos do ETA.

12 de março - Enquanto o país conta seus mortos, o governo faz um leve recuo e indica que investiga a Al-Qaeda, sem descartar a responsabilidade do ETA.

13 de março - Milhões de espanhóis vão às ruas na noite do dia anterior e cobram respostas do governo. O primeiro-ministro Aznar insiste em acusar os separatistas bascos.

14 de março - Terroristas da Al-Qaeda são presos na véspera do dia da votação. Espanhóis votam em massa.

15 de março - A oposição ganha a eleição com a maior margem de votos dos 27 anos de redemocratização da Espanha.

1

2

3

evolução de Lula

s sete candidaturas majoritárias de Luiz Inácio Lula da Silva mostram as mudanças de *slogans*, cores e postura,

1982 - Candidato ao governo de São Paulo. Quarto lugar com 10,77% dos votos. Discurso limitado aos abalhadores.

1989 - Candidato a presidente. Derrotado no segundo turno com 46,97% dos votos. Ganhou de Leonel Brizola o pelido de "Sapo Barbudo".

1994 - Candidato a presidente. Derrotado no primeiro turno com 27,04% dos votos, metade dos votos recebidos or Fernando Henrique Cardoso. Brizola vira candidato a vice.

1998 - Candidato a presidente. Aliança dos partidos de esquerda. Mais verde e amarelo e menos vermelho. errotado no primeiro turno com 31,71% dos votos.

2002 - Primeira vitória na disputa presidencial. Aliança ampliada para o centro. Vermelho apenas na logomarca o PT. 61,27% dos votos no segundo turno.

2006 - Reeleição no segundo turno com 60,83% dos votos. Número do partido em verde e amarelo.

2022 - Candidato ao terceiro mandato. Eleito no segundo turno com 50,90% dos votos. Composição política om Geraldo Alckmin, antigo adversário da eleição de 2006. Volta do vermelho e branco do PT.

Donald Trump copia Ronald Regan

Cada eleição é uma eleição, ainda que os *slogans* se repitam.

1 - A mensagem de Ronald Regan em 1982 foi copiada por Donald Trump 34 anos depois. MAGA (*Make America Great Again*), como ficou conhecido o *slogan*, acabou registrado como marca por Donald Trump em 2016.

2 - Na campanha de 2024, MAGA ganhou mais um "*again*" para reforçar a revanche de Trump contra Biden. Uma espécie de "Façam os Estados Unidos grandes outra vez, de novo".

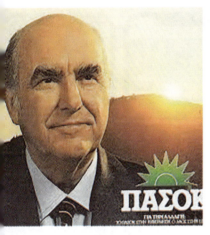

Retratos de quando a esperança era maior que o medo

O cartaz da campanha vitoriosa de François Mitterrand, em 1981, serviu de paradigma mundial para partidos de esquerda que precisavam suavizar a imagem: o político sereno, de sorriso tranquilo e olhar para o futuro, à frente de um horizonte amplo, foi usado em países tão diversos quanto Espanha, Grécia, Chile e Polônia.

- **François Mitterrand** diante de uma igreja no interior da França, com o *slogan* "A força tranquila". Sua ideia era parecer como uma espécie de pai dos franceses.

- **Andréas Papandréou,** primeiro-ministro da Grécia, em cartaz inspirado na campanha de Mitterrand.

- **Felipe González,** ex-primeiro-ministro da Espanha, o primeiro candidato de esquerda a seguir o caminho eleitoral de Mitterrand.

1

2   3   4   5

Na era das redes sociais, a campanha eleitoral é permanente

É preciso ter posicionamentos, seguidores, redes integradas e com alimentação constante nas mais diversas plataformas possíveis. Bolsonaro foi o primeiro candidato a presidente, no Brasil, a fazer uma campanha mais forte nas redes sociais do que na mídia tradicional.

1 - **O "cercadinho"** do Alvorada era o cenário para recados diários aos milhões de seguidores das redes sociais. Comunicação permanente.

2 - **Instagram.** Mais de 25 milhões de seguidores, contra 13 milhões de Lula. Audiência ampla e garantida.

3 - **Facebook.** Mais de 15 milhões de seguidores, contra 5,7 milhões de Lula.

4 - **X, antigo Twitter.** Mais de 12 milhões de seguidores, contra 8,7 milhões de Lula.

5 - **Canal no WhatsApp** para adesões voluntárias e envio diário de mensagens.
    Canal no Telegram com despachos diários de conteúdo.